Heinrich von Kleist

Der zerbrochne Krug

Ein Lustspiel

Anmerkungen
von Helmut Sembdner

Philipp Reclam jun. Stuttgart

Diese vorliegende Ausgabe bietet den Text der fünften, vermehrten und revidierten Auflage der *Sämtlichen Werke und Briefe*, herausgegeben von Helmut Sembdner, München: Hanser, 1970.

Erläuterungen und Dokumente zu Kleists *Zerbrochnem Krug* liegen unter Nr. 8123 in Reclams Universal-Bibliothek vor.

Universal-Bibliothek Nr. 91
Alle Rechte vorbehalten
© 1983, 1993 Philipp Reclam jun. GmbH & Co., Stuttgart
Um Anmerkungen ergänzte Ausgabe 1993
Umschlagabbildung: Die Gerichtsstube. Holzschnitt von
Adolph Menzel, um 1875
Gesamtherstellung: Reclam, Ditzingen. Printed in Germany 1997
RECLAM und UNIVERSAL-BIBLIOTHEK sind eingetragene Marken
der Philipp Reclam jun. GmbH & Co., Stuttgart
ISBN 3-15-000091-2

Vorrede

Diesem Lustspiel liegt wahrscheinlich ein historisches Faktum, worüber ich jedoch keine nähere Auskunft habe auffinden können, zum Grunde. Ich nahm die Veranlassung dazu aus einem Kupferstich, den ich vor mehreren Jahren in der Schweiz sah. Man bemerkte darauf – zuerst einen Richter, der gravitätisch auf dem Richterstuhl saß: vor ihm stand eine alte Frau, die einen zerbrochenen Krug hielt, sie schien das Unrecht, das ihm widerfahren war, zu demonstrieren: Beklagter, ein junger Bauerkerl, den der Richter, als überwiesen, andonnerte, verteidigte sich noch, aber schwach: ein Mädchen, das wahrscheinlich in dieser Sache gezeugt hatte (denn wer weiß, bei welcher Gelegenheit das Deliktum geschehen war) spielte sich, in der Mitte zwischen Mutter und Bräutigam, an der Schürze; wer ein falsches Zeugnis abgelegt hätte, könnte nicht zerknirschter dastehen: und der Gerichtsschreiber sah (er hatte vielleicht kurz vorher das Mädchen angesehen) jetzt den Richter mißtrauisch zur Seite an, wie Kreon, bei einer ähnlichen Gelegenheit, den Ödip. Darunter stand: der zerbrochene Krug. – Das Original war, wenn ich nicht irre, von einem niederländischen Meister.

Personen

WALTER, *Gerichtsrat*
ADAM, *Dorfrichter*
LICHT, *Schreiber*
FRAU MARTHE RULL
EVE, *ihre Tochter*
VEIT TÜMPEL, *ein Bauer*
RUPRECHT, *sein Sohn*
FRAU BRIGITTE
EIN BEDIENTER, BÜTTEL, MÄGDE usw.

Die Handlung spielt in einem niederländischen Dorfe
bei Utrecht.

Szene: Die Gerichtsstube

Erster Auftritt

Adam sitzt und verbindet sich ein Bein. Licht tritt auf.

LICHT. Ei, was zum Henker, sagt, Gevatter Adam!
  Was ist mit Euch geschehn? Wie seht Ihr aus?
ADAM.
  Ja, seht. Zum Straucheln brauchts doch nichts, als Füße.
  Auf diesem glatten Boden, ist ein Strauch hier?
  Gestrauchelt bin ich hier; denn jeder trägt
  Den leidgen Stein zum Anstoß in sich selbst.
LICHT. Nein, sagt mir, Freund! Den Stein trüg jeglicher –?
ADAM. Ja, in sich selbst!
LICHT.   Verflucht das!
ADAM.   Was beliebt?
LICHT. Ihr stammt von einem lockern Ältervater,
  Der so beim Anbeginn der Dinge fiel,   10
  Und wegen seines Falls berühmt geworden;
  Ihr seid doch nicht –?
ADAM.   Nun?
LICHT.   Gleichfalls –?
ADAM.   Ob ich –? Ich glaube –!
  Hier bin ich hingefallen, sag ich Euch.
LICHT. Unbildlich hingeschlagen?
ADAM.   Ja, unbildlich.
  Es mag ein schlechtes Bild gewesen sein.
LICHT. Wann trug sich die Begebenheit denn zu?
ADAM. Jetzt, in dem Augenblick, da ich dem Bett
  Entsteig. Ich hatte noch das Morgenlied
  Im Mund, da stolpr' ich in den Morgen schon,
  Und eh ich noch den Lauf des Tags beginne,   20
  Renkt unser Herrgott mir den Fuß schon aus.
LICHT. Und wohl den linken obenein?
ADAM.   Den linken?

LICHT. Hier, den gesetzten?
ADAM.   Freilich!
LICHT.   Allgerechter!
   Der ohnhin schwer den Weg der Sünde wandelt.
ADAM. Der Fuß! Was! Schwer! Warum?
LICHT.   Der Klumpfuß?
ADAM.   Klumpfuß!
   Ein Fuß ist, wie der andere, ein Klumpen.
LICHT. Erlaubt! Da tut Ihr Eurem rechten Unrecht.
   Der rechte kann sich dieser – Wucht nicht rühmen,
   Und wagt sich eh'r aufs Schlüpfrige.
ADAM.   Ach, was!
   Wo sich der eine hinwagt, folgt der andre.   30
LICHT. Und was hat das Gesicht Euch so verrenkt?
ADAM. Mir das Gesicht?
LICHT.   Wie? Davon wißt Ihr nichts?
ADAM. Ich müßt ein Lügner sein – wie siehts denn aus?
LICHT. Wies aussieht?
ADAM.   Ja, Gevatterchen.
LICHT.   Abscheulich!
ADAM. Erklärt Euch deutlicher.
LICHT.   Geschunden ists,
   Ein Greul zu sehn. Ein Stück fehlt von der Wange,
   Wie groß? Nicht ohne Waage kann ichs schätzen.
ADAM. Den Teufel auch!
LICHT *(bringt einen Spiegel).*   Hier! Überzeugt Euch selbst!
   Ein Schaf, das, eingehetzt von Hunden, sich
   Durch Dornen drängt, läßt nicht mehr Wolle sitzen,   40
   Als Ihr, Gott weiß wo? Fleisch habt sitzen lassen.
ADAM. Hm! Ja! 's ist wahr. Unlieblich sieht es aus.
   Die Nas hat auch gelitten.
LICHT.   Und das Auge.
ADAM. Das Auge nicht, Gevatter.
LICHT.   Ei, hier liegt
   Querfeld ein Schlag, blutrünstig, straf mich Gott,
   Als hätt ein Großknecht wütend ihn geführt.

ADAM. Das ist der Augenknochen. – Ja, nun seht,
  Das alles hatt ich nicht einmal gespürt.
LICHT. Ja, ja! So gehts im Feuer des Gefechts.
ADAM.
  Gefecht! Was! – Mit dem verfluchten Ziegenbock,   50
  Am Ofen focht ich, wenn Ihr wollt. Jetzt weiß ichs.
  Da ich das Gleichgewicht verlier, und gleichsam
  Ertrunken in den Lüften um mich greife,
  Fass ich die Hosen, die ich gestern abend
  Durchnäßt an das Gestell des Ofens hing.
  Nun fass ich sie, versteht Ihr, denke mich,
  Ich Tor, daran zu halten, und nun reißt
  Der Bund; Bund jetzt und Hos und ich, wir stürzen,
  Und häuptlings mit dem Stirnblatt schmettr' ich auf
  Den Ofen hin, just wo ein Ziegenbock   60
  Die Nase an der Ecke vorgestreckt.
LICHT *(lacht)*. Gut, gut.
ADAM.   Verdammt!
LICHT.   Der erste Adamsfall,
  Den Ihr aus einem Bett hinaus getan.
ADAM. Mein Seel! – Doch, was ich sagen wollte, was gibts
                              Neues?
LICHT. Ja, was es Neues gibt! Der Henker hols,
  Hätt ichs doch bald vergessen.
ADAM.   Nun?
LICHT. Macht Euch bereit auf unerwarteten
  Besuch aus Utrecht.
ADAM.   So?
LICHT.   Der Herr Gerichtsrat kömmt.
ADAM. Wer kömmt?
LICHT.   Der Herr Gerichtsrat Walter kömmt, aus Utrecht.
  Er ist in Revisionsbereisung auf den Ämtern   70
  Und heut noch trifft er bei uns ein.
ADAM. Noch heut! Seid Ihr bei Trost?
LICHT.   So wahr ich lebe.
  Er war in Holla, auf dem Grenzdorf, gestern,

Hat das Justizamt dort schon revidiert.
Ein Bauer sah zur Fahrt nach Huisum schon
Die Vorspannpferde vor den Wagen schirren.
ADAM. Heut noch, er, der Gerichtsrat, her, aus Utrecht!
Zur Revision, der wackre Mann, der selbst
Sein Schäfchen schiert, dergleichen Fratzen haßt.
Nach Huisum kommen, und uns kujonieren!   80
LICHT. Kam er bis Holla, kommt er auch bis Huisum.
Nehmt Euch in acht.
ADAM.   Ach geht!
LICHT.   Ich sag es Euch.
ADAM. Geht mir mit Eurem Märchen, sag ich Euch.
LICHT. Der Bauer hat ihn selbst gesehn, zum Henker.
ADAM. Wer weiß, wen der triefäugige Schuft gesehn.
Die Kerle unterscheiden ein Gesicht
Von einem Hinterkopf nicht, wenn er kahl ist.
Setzt einen Hut dreieckig auf mein Rohr,
Hängt ihm den Mantel um, zwei Stiefeln drunter,
So hält so'n Schubiack ihn für wen Ihr wollt.   90
LICHT. Wohlan, so zweifelt fort, ins Teufels Namen,
Bis er zur Tür hier eintritt.
ADAM.   Er, eintreten! –
Ohn uns ein Wort vorher gesteckt zu haben.
LICHT. Der Unverstand! Als obs der vorige
Revisor noch, der Rat Wachholder, wäre!
Es ist Rat Walter jetzt, der revidiert.
ADAM. Wenngleich Rat Walter! Geht, laßt mich zufrieden.
Der Mann hat seinen Amtseid ja geschworen,
Und praktiziert, wie wir, nach den
Bestehenden Edikten und Gebräuchen.   100
LICHT. Nun, ich versichr' Euch, der Gerichtsrat Walter
Erschien in Holla unvermutet gestern,
Vis'tierte Kassen und Registraturen,
Und suspendierte Richter dort und Schreiber,
Warum? ich weiß nicht, ab officio.
ADAM. Den Teufel auch? Hat das der Bauer gesagt?

LICHT. Dies und noch mehr –
ADAM.   So?
LICHT.   Wenn Ihrs wissen wollt.
  Denn in der Frühe heut sucht man den Richter,
  Dem man in seinem Haus Arrest gegeben,
  Und findet hinten in der Scheuer ihn   110
  Am Sparren hoch des Daches aufgehangen.
ADAM. Was sagt Ihr?
LICHT.   Hülf inzwischen kommt herbei,
  Man löst ihn ab, man reibt ihn, und begießt ihn,
  Ins nackte Leben bringt man ihn zurück.
ADAM. So? Bringt man ihn?
LICHT.   Doch jetzo wird versiegelt,
  In seinem Haus, vereidet und verschlossen,
  Es ist, als wär er eine Leiche schon,
  Und auch sein Richteramt ist schon beerbt.
ADAM. Ei, Henker, seht! – Ein liederlicher Hund wars –
  Sonst eine ehrliche Haut, so wahr ich lebe,   120
  Ein Kerl, mit dem sichs gut zusammen war;
  Doch grausam liederlich, das muß ich sagen.
  Wenn der Gerichtsrat heut in Holla war,
  So gings ihm schlecht, dem armen Kauz, das glaub ich.
LICHT. Und dieser Vorfall einzig, sprach der Bauer,
  Sei schuld, daß der Gerichtsrat noch nicht hier;
  Zu Mittag treff er doch ohnfehlbar ein.
ADAM. Zu Mittag! Gut, Gevatter! Jetzt gilts Freundschaft.
  Ihr wißt, wie sich zwei Hände waschen können.
  Ihr wollt auch gern, ich weiß, Dorfrichter werden,   130
  Und Ihr verdients, bei Gott, so gut wie einer.
  Doch heut ist noch nicht die Gelegenheit,
  Heut laßt Ihr noch den Kelch vorübergehn.
LICHT. Dorfrichter, ich! Was denkt Ihr auch von mir?
ADAM. Ihr seid ein Freund von wohlgesetzter Rede,
  Und Euren Cicero habt Ihr studiert
  Trotz einem auf der Schul in Amsterdam.
  Drückt Euren Ehrgeiz heut hinunter, hört Ihr?

Es werden wohl sich Fälle noch ergeben,
Wo Ihr mit Eurer Kunst Euch zeigen könnt.   140
LICHT. Wir zwei Gevatterleute! Geht mir fort.
ADAM. Zu seiner Zeit, Ihr wißts, schwieg auch der große
    Demosthenes. Folgt hierin seinem Muster.
    Und bin ich König nicht von Mazedonien,
    Kann ich auf meine Art doch dankbar sein.
LICHT. Geht mir mit Eurem Argwohn, sag ich Euch.
    Hab ich jemals –?
ADAM.   Seht, ich, ich, für mein Teil,
    Dem großen Griechen folg ich auch. Es ließe
    Von Depositionen sich und Zinsen
    Zuletzt auch eine Rede ausarbeiten: 150
    Wer wollte solche Perioden drehn?
LICHT. Nun, also!
ADAM.   Von solchem Vorwurf bin ich rein,
    Der Henker hols! Und alles, was es gilt,
    Ein Schwank ists etwa, der zur Nacht geboren,
    Des Tags vorwitzgen Lichtstrahl scheut.
LICHT.   Ich weiß.
ADAM. Mein Seel! Es ist kein Grund, warum ein Richter,
    Wenn er nicht auf dem Richtstuhl sitzt,
    Soll gravitätisch, wie ein Eisbär, sein.
LICHT. Das sag ich auch.
ADAM.   Nun denn, so kommt Gevatter,
    Folgt mir ein wenig zur Registratur;   160
    Die Aktenstöße setz ich auf, denn die,
    Die liegen wie der Turm zu Babylon.

Zweiter Auftritt

Ein Bedienter tritt auf. Die Vorigen. – Nachher:
Zwei Mägde.

DER BEDIENTE.
Gott helf, Herr Richter! Der Gerichtsrat Walter
Läßt seinen Gruß vermelden, gleich wird er hier sein.
ADAM. Ei, du gerechter Himmel! Ist er mit Holla
Schon fertig?
DER BEDIENTE.   Ja, er ist in Huisum schon.
ADAM. He! Liese! Grete!
LICHT.   Ruhig, ruhig jetzt.
ADAM. Gevatterchen!
LICHT.   Laßt Euern Dank vermelden.
DER BEDIENTE. Und morgen reisen wir nach Hussahe.
ADAM. Was tu ich jetzt? Was laß ich?
(Er greift nach seinen Kleidern.)
ERSTE MAGD *(tritt auf).*   Hier bin ich, Herr. 170
LICHT. Wollt Ihr die Hosen anziehn? Seid Ihr toll?
ZWEITE MAGD *(tritt auf).*
Hier bin ich, Herr Dorfrichter.
LICHT.   Nehmt den Rock.
ADAM *(sieht sich um).*
Wer? Der Gerichtsrat?
LICHT.   Ach, die Magd ist es.
ADAM. Die Bäffchen! Mantel! Kragen!
ERSTE MAGD.   Erst die Weste!
ADAM. Was? – Rock aus! Hurtig!
LICHT *(zum Bedienten).*   Der Herr Gerichtsrat werden
Hier sehr willkommen sein. Wir sind sogleich
Bereit ihn zu empfangen. Sagt ihm das.
ADAM. Den Teufel auch! Der Richter Adam läßt sich
Entschuldigen.
LICHT.   Entschuldigen!
ADAM.   Entschuldgen.
Ist er schon unterwegs etwa?

DER BEDIENTE.   Er ist
  Im Wirtshaus noch. Er hat den Schmied bestellt;
  Der Wagen ging entzwei.
ADAM.   Gut. Mein Empfehl.
  Der Schmied ist faul. Ich ließe mich entschuldgen.
  Ich hätte Hals und Beine fast gebrochen,
  Schaut selbst, 's ist ein Spektakel, wie ich ausseh;
  Und jeder Schreck purgiert mich von Natur.
  Ich wäre krank.
LICHT.   Seid Ihr bei Sinnen? –
  Der Herr Gerichtsrat wär sehr angenehm.
  – Wollt Ihr?
ADAM.   Zum Henker!
LICHT.   Was?
ADAM.   Der Teufel soll mich holen,
  Ists nicht so gut, als hätt ich schon ein Pulver!   190
LICHT. Das fehlt noch, daß Ihr auf den Weg ihm leuchtet.
ADAM. Margrete! he! Der Sack voll Knochen! Liese!
DIE BEIDEN MÄGDE. Hier sind wir ja. Was wollt Ihr?
ADAM.   Fort! sag ich.
  Kuhkäse, Schinken, Butter, Würste, Flaschen
  Aus der Registratur geschafft! Und flink! –
  Du nicht. Die andere. – Maulaffe! Du ja!
  – Gotts Blitz, Margrete! Liese soll, die Kuhmagd,
  In die Registratur!
  (Die erste Magd geht ab.)
DIE ZWEITE MAGD.   Sprecht, soll man Euch verstehn!
ADAM.
  Halts Maul jetzt, sag ich –! Fort! schaff mir die Perücke!
  Marsch! Aus dem Bücherschrank! Geschwind! Pack dich!
  (Die zweite Magd ab.)
LICHT *(zum Bedienten).*
  Es ist dem Herrn Gerichtsrat, will ich hoffen,   201
  Nichts Böses auf der Reise zugestoßen?
DER BEDIENTE. Je, nun! Wir sind im Hohlweg umgeworfen.
ADAM. Pest! Mein geschundner Fuß! Ich krieg die Stiefeln –

LICHT. Ei, du mein Himmel! Umgeworfen, sagt Ihr?
  Doch keinen Schaden weiter –?
DER BEDIENTE.   Nichts von Bedeutung.
  Der Herr verstauchte sich die Hand ein wenig.
  Die Deichsel brach.
ADAM.   Daß er den Hals gebrochen!
LICHT. Die Hand verstaucht! Ei, Herr Gott! Kam der
                              Schmied schon?
DER BEDIENTE.
  Ja, für die Deichsel.
LICHT.   Was?
ADAM.   Ihr meint, der Doktor.   210
LICHT. Was?
DER BEDIENTE.   Für die Deichsel?
ADAM.   Ach, was! Für die Hand.
DER BEDIENTE.
  Adies, ihr Herrn. – Ich glaub, die Kerls sind toll. *(Ab.)*
LICHT. Den Schmied meint ich.
ADAM.   Ihr gebt Euch bloß, Gevatter.
LICHT. Wieso?
ADAM.   Ihr seid verlegen.
LICHT.   Was!
  (Die erste Magd tritt auf.)
ADAM.   He! Liese!
  Was hast du da?
ERSTE MAGD. Braunschweiger Wurst, Herr Richter.
ADAM. Das sind Pupillenakten.
LICHT.   Ich, verlegen!
ADAM. Die kommen wieder zur Registratur.
ERSTE MAGD. Die Würste?
ADAM.   Würste! Was! Der Einschlag hier.
LICHT. Es war ein Mißverständnis.
DIE ZWEITE MAGD *(tritt auf)*.   Im Bücherschrank,
  Herr Richter, find ich die Perücke nicht.   220
ADAM. Warum nicht?
ZWEITE MAGD.   Hm! Weil Ihr –

ADAM.   Nun?

ZWEITE MAGD.   Gestern abend –

Glock eilf –

ADAM.   Nun? Werd ichs hören?

ZWEITE MAGD.   Ei, Ihr kamt ja,

Besinnt Euch, ohne die Perück ins Haus.

ADAM. Ich, ohne die Perücke?

ZWEITE MAGD.   In der Tat.

Da ist die Liese, die's bezeugen kann.

Und Eure andr' ist beim Perückenmacher.

ADAM. Ich wär –?

ERSTE MAGD.   Ja, meiner Treu, Herr Richter Adam!

Kahlköpfig wart Ihr, als Ihr wiederkamt;

Ihr spracht, Ihr wärt gefallen, wißt Ihr nicht?

Das Blut mußt ich Euch noch vom Kopfe waschen.   230

ADAM. Die Unverschämte!

ERSTE MAGD.   Ich will nicht ehrlich sein.

ADAM. Halts Maul, sag ich, es ist kein wahres Wort.

LICHT. Habt Ihr die Wund seit gestern schon?

ADAM.   Nein, heut.

Die Wunde heut und gestern die Perücke.

Ich trug sie weiß gepudert auf dem Kopfe,

Und nahm sie mit dem Hut, auf Ehre, bloß,

Als ich ins Haus trat, aus Versehen ab.

Was die gewaschen hat, das weiß ich nicht.

– Scher dich zum Satan, wo du hingehörst!

In die Registratur!

(Erste Magd ab.)

                    Geh, Margarete!   240

Gevatter Küster soll mir seine borgen;

In meine hätt die Katze heute morgen

Gejungt, das Schwein! Sie läge eingesäuet

Mir unterm Bette da, ich weiß nun schon.

LICHT. Die Katze? Was? Seid Ihr –?

ADAM.   So wahr ich lebe.

Fünf Junge, gelb und schwarz, und eins ist weiß.

Die schwarzen will ich in der Vecht ersäufen.
Was soll man machen? Wollt Ihr eine haben?
LICHT. In die Perücke?
ADAM.   Der Teufel soll mich holen!
  Ich hatte die Perücke aufgehängt,   250
  Auf einen Stuhl, da ich zu Bette ging,
  Den Stuhl berühr ich in der Nacht, sie fällt –
LICHT. Drauf nimmt die Katze sie ins Maul –
ADAM.   Mein Seel –
LICHT. Und trägt sie unters Bett und jungt darin.
ADAM. Ins Maul? Nein –
LICHT.   Nicht? Wie sonst?
ADAM.   Die Katz? Ach, was!
LICHT. Nicht? Oder Ihr vielleicht?
ADAM.   Ins Maul! Ich glaube –!
  Ich stieß sie mit dem Fuße heut hinunter,
  Als ich es sah.
LICHT.   Gut, gut.
ADAM.   Kanaillen die!
  Die balzen sich und jungen, wo ein Platz ist.
ZWEITE MAGD *(kichernd).* So soll ich hingehn?
ADAM.   Ja, und meinen Gruß   260
  An Muhme Schwarzgewand, die Küsterin.
  Ich schickt ihr die Perücke unversehrt
  Noch heut zurück – ihm brauchst du nichts zu sagen.
  Verstehst du mich?
ZWEITE MAGD.   Ich werd es schon bestellen. *(Ab.)*

Dritter Auftritt

Adam und Licht.

ADAM. Mir ahndet heut nichts Guts, Gevatter Licht.
LICHT. Warum?
ADAM.   Es geht bunt alles überecke mir.
  Ist nicht auch heut Gerichtstag?

LICHT.   Allerdings.
  Die Kläger stehen vor der Türe schon.
ADAM. – Mir träumt', es hätt ein Kläger mich ergriffen,
  Und schleppte vor den Richtstuhl mich; und ich,   270
  Ich säße gleichwohl auf dem Richtstuhl dort,
  Und schält' und hunzt' und schlingelte mich herunter,
  Und judiziert den Hals ins Eisen mir.
LICHT. Wie? Ihr Euch selbst?
ADAM.   So wahr ich ehrlich bin.
  Drauf wurden beide wir zu eins, und flohn,
  Und mußten in den Fichten übernachten.
LICHT. Nun? Und der Traum meint Ihr –?
ADAM.   Der Teufel hols.
  Wenns auch der Traum nicht ist, ein Schabernack,
  Seis, wie es woll, ist wider mich im Werk!
LICHT.
  Die läppsche Furcht! Gebt Ihr nur vorschriftsmäßig,   280
  Wenn der Gerichtsrat gegenwärtig ist,
  Recht den Parteien auf dem Richterstuhle,
  Damit der Traum vom ausgehunzten Richter
  Auf andre Art nicht in Erfüllung geht.

Vierter Auftritt

Der Gerichtsrat Walter tritt auf. Die Vorigen.

WALTER. Gott grüß Euch, Richter Adam.
ADAM.   Ei, willkommen!
  Willkommen, gnädger Herr, in unserm Huisum!
  Wer konnte, du gerechter Gott, wer konnte
  So freudigen Besuches sich gewärtgen.
  Kein Traum, der heute früh Glock achte noch
  Zu solchem Glücke sich versteigen durfte.   290
WALTER. Ich komm ein wenig schnell, ich weiß; und muß
  Auf dieser Reis, in unsrer Staaten Dienst,
  Zufrieden sein, wenn meine Wirte mich

Mit wohlgemeintem Abschiedsgruß entlassen.
Inzwischen ich, was meinen Gruß betrifft,
Ich meins von Herzen gut, schon wenn ich komme.
Das Obertribunal in Utrecht will
Die Rechtspfleg auf dem platten Land verbessern,
Die mangelhaft von mancher Seite scheint,
Und strenge Weisung hat der Mißbrauch zu erwarten. 300
Doch *mein* Geschäft auf dieser Reis ist noch
Ein strenges nicht, sehn soll ich bloß, nicht strafen,
Und find ich gleich nicht alles, wie es soll,
Ich freue mich, wenn es erträglich ist.

ADAM. Fürwahr, so edle Denkart muß man loben.
Euer Gnaden werden hie und da, nicht zweifl' ich,
Den alten Brauch im Recht zu tadeln wissen;
Und wenn er in den Niederlanden gleich
Seit Kaiser Karl dem fünften schon besteht:
Was läßt sich in Gedanken nicht erfinden? 310
Die Welt, sagt unser Sprichwort, wird stets klüger,
Und alles liest, ich weiß, den Puffendorf;
Doch Huisum ist ein kleiner Teil der Welt,
Auf den nicht mehr, nicht minder, als sein Teil nur
Kann von der allgemeinen Klugheit kommen.
Klärt die Justiz in Huisum gütigst auf,
Und überzeugt Euch, gnädger Herr, Ihr habt
Ihr noch sobald den Rücken nicht gekehrt,
Als sie auch völlig Euch befriedgen wird;
Doch fändet Ihr sie heut im Amte schon 320
Wie Ihr sie wünscht, mein Seel, so wärs ein Wunder,
Da sie nur dunkel weiß noch, was Ihr wollt.

WALTER. Es fehlt an Vorschriften, ganz recht. Vielmehr
Es sind zu viel, man wird sie sichten müssen.

ADAM. Ja, durch ein großes Sieb. Viel Spreu! Viel Spreu!

WALTER. Das ist dort der Herr Schreiber?

LICHT.   Der Schreiber Licht,
Zu Eurer hohen Gnaden Diensten. Pfingsten
Neun Jahre, daß ich im Justizamt bin.

ADAM *(bringt einen Stuhl).*
 Setzt Euch.
WALTER.   Laßt sein.
ADAM.   Ihr kommt von Holla schon.
WALTER. Zwei kleine Meilen – Woher wißt Ihr das? 330
ADAM. Woher? Euer Gnaden Diener –
LICHT.   Ein Bauer sagt' es,
 Der eben jetzt von Holla eingetroffen.
WALTER. Ein Bauer?
ADAM.   Aufzuwarten.
WALTER.   – Ja! Es trug sich
 Dort ein unangenehmer Vorfall zu,
 Der mir die heitre Laune störte,
 Die in Geschäften uns begleiten soll. –
 Ihr werdet davon unterrichtet sein?
ADAM. Wärs wahr, gestrenger Herr? Der Richter Pfaul,
 Weil er Arrest in seinem Haus empfing,
 Verzweiflung hätt den Toren überrascht, 340
 Er hing sich auf?
WALTER.   Und machte Übel ärger.
 Was nur Unordnung schien, Verworrenheit,
 Nimmt jetzt den Schein an der Veruntreuung,
 Die das Gesetz, Ihr wißts, nicht mehr verschont. –
 Wie viele Kassen habt Ihr?
ADAM.   Fünf, zu dienen.
WALTER. Wie, fünf! Ich stand im Wahn – Gefüllte Kassen?
 Ich stand im Wahn, daß Ihr nur vier –
ADAM.   Verzeiht!
 Mit der Rhein-Inundations-Kollektenkasse?
WALTER. Mit der Inundations-Kollektenkasse!
 Doch jetzo ist der Rhein nicht inundiert, 350
 Und die Kollekten gehn mithin nicht ein.
 – Sagt doch, Ihr habt ja wohl Gerichtstag heut?
ADAM. Ob wir –?
WALTER.   Was?
LICHT.   Ja, den ersten in der Woche.

WALTER. Und jene Schar von Leuten, die ich draußen
  Auf Eurem Flure sah, sind das –?
ADAM.   Das werden –
LICHT. Die Kläger sinds, die sich bereits versammeln.
WALTER. Gut. Dieser Umstand ist mir lieb, ihr Herren.
  Laßt diese Leute, wenns beliebt, erscheinen.
  Ich wohne dem Gerichtsgang bei; ich sehe
  Wie er in Eurem Huisum üblich ist.   360
  Wir nehmen die Registratur, die Kassen,
  Nachher, wenn diese Sache abgetan.
ADAM. Wie Ihr befehlt. – Der Büttel! He! Hanfriede!

Fünfter Auftritt

Die zweite Magd tritt auf. Die Vorigen.

ZWEITE MAGD.
  Gruß von Frau Küsterin, Herr Richter Adam;
  So gern sie die Perück Euch auch –
ADAM.   Wie? Nicht?
ZWEITE MAGD. Sie sagt, es wäre Morgenpredigt heute;
  Der Küster hätte selbst die eine auf,
  Und seine andre wäre unbrauchbar,
  Sie sollte heut zu dem Perückenmacher.
ADAM. Verflucht!
ZWEITE MAGD.   Sobald der Küster wieder kömmt,   370
  Wird sie jedoch sogleich Euch seine schicken.
ADAM. Auf meine Ehre, gnädger Herr –
WALTER.   Was gibts?
ADAM. Ein Zufall, ein verwünschter, hat um beide
  Perücken mich gebracht. Und jetzt bleibt mir
  Die dritte aus, die ich mir leihen wollte:
  Ich muß kahlköpfig den Gerichtstag halten.
WALTER. Kahlköpfig!
ADAM.   Ja, beim ewgen Gott! So sehr
  Ich ohne der Perücke Beistand um

Mein Richteransehn auch verlegen bin.
– Ich müßt es auf dem Vorwerk noch versuchen,   380
Ob mir vielleicht der Pächter –?
WALTER.   Auf dem Vorwerk!
Kann jemand anders hier im Orte nicht –?
ADAM. Nein, in der Tat –
WALTER.   Der Prediger vielleicht.
ADAM. Der Prediger? Der –
WALTER.   Oder Schulmeister.
ADAM. Seit der Sackzehnde abgeschafft, Euer Gnaden,
Wozu ich hier im Amte mitgewirkt,
Kann ich auf beider Dienste nicht mehr rechnen.
WALTER.
Nun, Herr Dorfrichter? Nun? Und der Gerichtstag?
Denkt Ihr zu warten, bis die Haar Euch wachsen?   389
ADAM. Ja, wenn Ihr mir erlaubt, schick ich aufs Vorwerk.
WALTER. – Wie weit ists auf das Vorwerk?
ADAM.   Ei! Ein kleines
Halbstündchen.
WALTER.   Eine halbe Stunde, was!
Und Eurer Sitzung Stunde schlug bereits.
Macht fort! Ich muß noch heut nach Hussahe.
ADAM. Macht fort! Ja –
WALTER.   Ei, so pudert Euch den Kopf ein!
Wo Teufel auch, wo ließt Ihr die Perücken?
– Helft Euch so gut Ihr könnt. Ich habe Eile.
ADAM. Auch das.
DER BÜTTEL *(tritt auf).* Hier ist der Büttel!
ADAM.   Kann ich inzwischen
Mit einem guten Frühstück, Wurst aus Braunschweig,
Ein Gläschen Danziger etwa –
WALTER.   Danke sehr.   400
ADAM. Ohn Umständ!
WALTER.   Dank', Ihr hörts, habs schon genossen.
Geht Ihr, und nutzt die Zeit, ich brauche sie
In meinem Büchlein etwas mir zu merken.

ADAM. Nun, wenn Ihr so befehlt – Komm, Margarete!
WALTER. – Ihr seid ja bös verletzt, Herr Richter Adam.
　Seid Ihr gefallen?
ADAM.　　　　　　　– Hab einen wahren Mordschlag
　Heut früh, als ich dem Bett entstieg, getan:
　Seht, gnädger Herr Gerichtsrat, einen Schlag
　Ins Zimmer hin, ich glaubt es wär ins Grab.
WALTER. Das tut mir leid. – Es wird doch weiter nicht　　410
　Von Folgen sein?
ADAM.　　　　　Ich denke nicht. Und auch
　In meiner Pflicht solls weiter mich nicht stören. –
　Erlaubt!
WALTER.　Geht, geht!
ADAM (*zum Büttel*).　Die Kläger rufst du – marsch!
　(*Adam, die Magd und der Büttel ab.*)

Sechster Auftritt

Frau Marthe, Eve, Veit und Ruprecht treten auf. –
Walter und Licht im Hintergrunde.

FRAU MARTHE. Ihr krugzertrümmerndes Gesindel, ihr!
　Ihr sollt mir büßen, ihr!
VEIT.　　　　　　　　Sei Sie nur ruhig,
　Frau Marth! Es wird sich alles hier entscheiden.
FRAU MARTHE.
　O ja. Entscheiden. Seht doch. Den Klugschwätzer.
　Den Krug mir, den zerbrochenen, entscheiden.
　Wer wird mir den geschiednen Krug entscheiden?
　Hier wird entschieden werden, daß geschieden　　420
　Der Krug mir bleiben soll. Für so'n Schiedsurteil
　Geb ich noch die geschiednen Scherben nicht.
VEIT. Wenn Sie sich Recht erstreiten kann, Sie hörts,
　Ersetz ich ihn.
FRAU MARTHE.　Er mir den Krug ersetzen.
　Wenn ich mir Recht erstreiten kann, ersetzen.

Setz Er den Krug mal hin, versuch Ers mal,
Setz Er'n mal hin auf das Gesims! Ersetzen!
Den Krug, der kein Gebein zum Stehen hat,
Zum Liegen oder Sitzen hat, ersetzen!

VEIT. Sie hörts! Was geifert Sie? Kann man mehr tun?   430
Wenn einer Ihr von uns den Krug zerbrochen,
Soll Sie entschädigt werden.

FRAU MARTHE.   Ich entschädigt!
Als ob ein Stück von meinem Hornvieh spräche.
Meint Er, daß die Justiz ein Töpfer ist?
Und kämen die Hochmögenden und bänden
Die Schürze vor, und trügen ihn zum Ofen,
Die könnten sonst was in den Krug mir tun,
Als ihn entschädigen. Entschädigen!

RUPRECHT. Laß Er sie, Vater. Folg Er mir. Der Drachen!
's ist der zerbrochne Krug nicht, der sie wurmt,   440
Die Hochzeit ist es, die ein Loch bekommen,
Und mit Gewalt hier denkt sie sie zu flicken.
Ich aber setze noch den Fuß eins drauf:
Verflucht bin ich, wenn ich die Metze nehme.

FRAU MARTHE.
Der eitle Flaps! Die Hochzeit ich hier flicken!
Die Hochzeit, nicht des Flickdrahts, unzerbrochen
Nicht einen von des Kruges Scherben wert.
Und stünd die Hochzeit blankgescheuert vor mir,
Wie noch der Krug auf dem Gesimse gestern,
So faßt ich sie beim Griff jetzt mit den Händen,   450
Und schlüg sie gellend ihm am Kopf entzwei,
Nicht aber hier die Scherben möcht ich flicken!
Sie flicken!

EVE.   Ruprecht!

RUPRECHT.   Fort du –!

EVE.   Liebster Ruprecht!

RUPRECHT. Mir aus den Augen!

EVE.   Ich beschwöre dich.

RUPRECHT. Die lüderliche –! Ich mag nicht sagen, was.

EVE. Laß mich ein einzges Wort dir heimlich –
RUPRECHT.   Nichts!
EVE. – Du gehst zum Regimente jetzt, o Ruprecht,
    Wer weiß, wenn du erst die Muskete trägst,
    Ob ich dich je im Leben wieder sehe.
    Krieg ists, bedenke, Krieg, in den du ziehst: 460
    Willst du mit solchem Grolle von mir scheiden?
RUPRECHT.
    Groll? Nein, bewahr mich Gott, das will ich nicht.
    Gott schenk dir so viel Wohlergehn, als er
    Erübrigen kann. Doch kehrt ich aus dem Kriege
    Gesund, mit erzgegoßnem Leib zurück,
    Und würd in Huisum achtzig Jahre alt,
    So sagt ich noch im Tode zu dir: Metze!
    Du willsts ja selber vor Gericht beschwören.
FRAU MARTHE *(zu Eve).*
    Hinweg! Was sagt ich dir? Willst du dich noch
    Beschimpfen lassen? Der Herr Korporal   470
    Ist was für dich, der würdge Holzgebein,
    Der seinen Stock im Militär geführt,
    Und nicht dort der Maulaffe, der dem Stock
    Jetzt seinen Rücken bieten wird. Heut ist
    Verlobung, Hochzeit, wäre Taufe heute,
    Es wär mir recht, und mein Begräbnis leid ich,
    Wenn ich dem Hochmut erst den Kamm zertreten,
    Der mir bis an die Krüge schwillet.
EVE.   Mutter!
    Laßt doch den Krug! Laßt mich doch in der Stadt
                    versuchen,
    Ob ein geschickter Handwerksmann die Scherben   480
    Nicht wieder Euch zur Lust zusammenfügt.
    Und wärs um ihn geschehn, nehmt meine ganze
    Sparbüchse hin, und kauft Euch einen neuen.
    Wer wollte doch um einen irdnen Krug,
    Und stammt er von Herodes' Zeiten her,
    Solch einen Aufruhr, so viel Unheil stiften.

FRAU MARTHE.
    Du sprichst, wie dus verstehst. Willst du etwa
    Die Fiedel tragen, Evchen, in der Kirche
    Am nächsten Sonntag reuig Buße tun?
    Dein guter Name lag in diesem Topfe,   490
    Und vor der Welt mit ihm ward er zerstoßen,
    Wenn auch vor Gott nicht, und vor mir und dir.
    Der Richter ist mein Handwerksmann, der Schergen,
    Der Block ists, Peitschenhiebe, die es braucht,
    Und auf den Scheiterhaufen das Gesindel,
    Wenns unsre Ehre weiß zu brennen gilt,
    Und diesen Krug hier wieder zu glasieren.

Siebenter Auftritt

Adam im Ornat, doch ohne Perücke, tritt auf. Die Vorigen.

ADAM *(für sich).*
    Ei, Evchen. Sieh! Und der vierschrötge Schlingel,
    Der Ruprecht! Ei, was Teufel, sieh! Die ganze Sippschaft!
    – Die werden mich doch nicht bei mir verklagen?   500
EVE. O liebste Mutter, folgt mir, ich beschwör Euch,
    Laßt diesem Unglückszimmer uns entfliehen!
ADAM. Gevatter! Sagt mir doch, was bringen die?
LICHT. Was weiß ich? Lärm um nichts; Lappalien.
    Es ist ein Krug zerbrochen worden, hör ich.
ADAM. Ein Krug! So! Ei! – Ei, wer zerbrach den Krug?
LICHT. Wer ihn zerbrochen?
ADAM.   Ja, Gevatterchen.
LICHT. Mein Seel, setzt Euch: so werdet Ihrs erfahren.
ADAM *(heimlich).* Evchen!
EVE *(gleichfalls).*   Geh Er.
ADAM.   Ein Wort.
EVE.   Ich will nichts wissen.
ADAM. Was bringt ihr mir?
EVE.   Ich sag Ihm, Er soll gehn.   510

ADAM. Evchen! Ich bitte dich! Was soll mir das bedeuten?

EVE. Wenn Er nicht gleich –! Ich sags Ihm, laß Er mich.

ADAM *(zu Licht).*
  Gevatter, hört, mein Seel, ich halts nicht aus.
  Die Wund am Schienbein macht mir Übelkeiten;
  Führt Ihr die Sach, ich will zu Bette gehn.

LICHT. Zu Bett –? Ihr wollt –? Ich glaub, Ihr seid verrückt.

ADAM. Der Henker hols. Ich muß mich übergeben.

LICHT. Ich glaub, Ihr rast, im Ernst. Soeben kommt Ihr –?
  – Meinthalben. Sagts dem Herrn Gerichtsrat dort.
  Vielleicht erlaubt ers. – Ich weiß nicht, was Euch fehlt?

ADAM *(wieder zu Evchen).*
  Evchen! Ich flehe dich! Um alle Wunden!   521
  Was ists, das ihr mir bringt?

EVE.   Er wirds schon hören.

ADAM. Ists nur der Krug dort, den die Mutter hält,
  Den ich, soviel –?

EVE.   Ja, der zerbrochne Krug nur.

ADAM. Und weiter nichts?

EVE.   Nichts weiter.

ADAM.   Nichts? Gewiß nicht?

EVE. Ich sag Ihm, geh Er. Laß Er mich zufrieden.

ADAM. Hör du, bei Gott, sei klug, ich rat es dir.

EVE. Er, Unverschämter!

ADAM.   In dem Attest steht
  Der Name jetzt, Frakturschrift, Ruprecht Tümpel.
  Hier trag ichs fix und fertig in der Tasche;   530
  Hörst du es knackern, Evchen? Sieh, das kannst du,
  Auf meine Ehr, heut übers Jahr dir holen,
  Dir Trauerschürz und Mieder zuzuschneiden,
  Wenns heißt: der Ruprecht in Batavia
  Krepiert' – ich weiß, an welchem Fieber nicht,
  Wars gelb, wars scharlach, oder war es faul.

WALTER. Sprecht nicht mit den Partein, Herr Richter Adam,
  Vor der Session! Hier setzt Euch, und befragt sie.

ADAM. Was sagt er? – Was befehlen Euer Gnaden?

WALTER. Was ich befehl? – Ich sagte deutlich Euch,   540
  Daß Ihr nicht heimlich vor der Sitzung sollt
  Mit den Partein zweideutge Sprache führen.
  Hier ist der Platz, der Eurem Amt gebührt,
  Und öffentlich Verhör, was ich erwarte.
ADAM *(für sich).*
  Verflucht! Ich kann mich nicht dazu entschließen –!
  – Es klirrte etwas, da ich Abschied nahm –
LICHT *(ihn aufschreckend).*
  Herr Richter! Seid Ihr –?
ADAM.   Ich? Auf Ehre nicht!
  Ich hatte sie behutsam drauf gehängt,
  Und müßt ein Ochs gewesen sein –
LICHT.   Was?
ADAM.   Was?
LICHT.   Ich fragte –!
ADAM. Ihr fragtet, ob ich –?
LICHT.   Ob Ihr taub seid, fragt ich.   550
  Dort Seiner Gnaden haben Euch gerufen.
ADAM. Ich glaubte –! Wer ruft?
LICHT.   Der Herr Gerichtsrat dort.
ADAM *(für sich).*
  Ei! Hols der Henker auch! Zwei Fälle gibts,
  Mein Seel, nicht mehr, und wenns nicht biegt, so brichts.
  – Gleich! Gleich! Gleich! Was befehlen Euer Gnaden?
  Soll jetzt die Prozedur beginnen?
WALTER. Ihr seid ja sonderbar zerstreut. Was fehlt Euch?
ADAM. – Auf Ehr! Verzeiht. Es hat ein Perlhuhn mir,
  Das ich von einem Indienfahrer kaufte,
  Den Pips: ich soll es nudeln, und verstehs nicht,   560
  Und fragte dort die Jungfer bloß um Rat.
  Ich bin ein Narr in solchen Dingen, seht,
  Und meine Hühner nenn ich meine Kinder.
WALTER.
  Hier. Setzt Euch. Ruft den Kläger und vernehmt ihn.
  Und Ihr, Herr Schreiber, führt das Protokoll.

ADAM. Befehlen Euer Gnaden den Prozeß
　　Nach den Formalitäten, oder so,
　　Wie er in Huisum üblich ist, zu halten?
WALTER. Nach den gesetzlichen Formalitäten,
　　Wie er in Huisum üblich ist, nicht anders.　　570
ADAM. Gut, gut. Ich werd Euch zu bedienen wissen.
　　Seid Ihr bereit, Herr Schreiber?
LICHT.　　　　　　　　　Zu Euren Diensten.
ADAM. – So nimm, Gerechtigkeit, denn deinen Lauf!
　　Klägere trete vor.
FRAU MARTHE.　　　Hier, Herr Dorfrichter!
ADAM. Wer seid Ihr?
FRAU MARTHE.　　　Wer –?
ADAM.　　　　　　　Ihr.
FRAU MARTHE.　　　　　　Wer ich –?
ADAM.　　　　　　　　　　Wer Ihr seid!
　　Wes Namens, Standes, Wohnorts, und so weiter.
FRAU MARTHE. Ich glaub, Er spaßt, Herr Richter.
ADAM.　　　　　　　　　　　Spaßen, was!
　　Ich sitz im Namen der Justiz, Frau Marthe,
　　Und die Justiz muß wissen, wer Ihr seid.
LICHT *(halblaut)*. Laßt doch die sonderbare Frag –
FRAU MARTHE.　　　　　　　Ihr guckt
　　Mir alle Sonntag in die Fenster ja,　　581
　　Wenn Ihr aufs Vorwerk geht!
WALTER.　　　　　Kennt Ihr die Frau?
ADAM. Sie wohnt hier um die Ecke, Euer Gnaden,
　　Wenn man den Fußsteig durch die Hecken geht;
　　Witw' eines Kastellans, Hebamme jetzt,
　　Sonst eine ehrliche Frau, von gutem Rufe.
WALTER. Wenn Ihr so unterrichtet seid, Herr Richter,
　　So sind dergleichen Fragen überflüssig.
　　Setzt ihren Namen in das Protokoll,
　　Und schreibt dabei: dem Amte wohlbekannt.　　590
ADAM. Auch das. Ihr seid nicht für Formalitäten.
　　Tut so, wie Seiner Gnaden anbefohlen.

WALTER. Fragt nach dem Gegenstand der Klage jetzt.
ADAM. Jetzt soll ich –?
WALTER.   Ja, den Gegenstand ermitteln!
ADAM. Das ist gleichfalls ein Krug, verzeiht.
WALTER.   Wie? Gleichfalls
ADAM. Ein Krug. Ein bloßer Krug. Setzt einen Krug,
   Und schreibt dabei: dem Amte wohlbekannt.
LICHT. Auf meine hingeworfene Vermutung
   Wollt Ihr, Herr Richter –?
ADAM.   Mein Seel, wenn ichs Euch sage,
   So schreibt Ihrs hin. Ists nicht ein Krug, Frau Marthe?
FRAU MARTHE. Ja, hier der Krug –
ADAM.   Da habt Ihrs.
FRAU MARTHE.   Der zerbrochne –
ADAM. Pedantische Bedenklichkeit.
LICHT.   Ich bitt Euch –   602
ADAM.
   Und wer zerbrach den Krug? Gewiß der Schlingel –?
FRAU MARTHE. Ja, er, der Schlingel dort –
ADAM *(für sich)*.   Mehr brauch ich nicht
RUPRECHT. Das ist nicht wahr, Herr Richter.
ADAM *(für sich)*.   Auf, aufgelebt, du alter Adam!
RUPRECHT. Das lügt sie in den Hals hinein –
ADAM.   Schweig, Maulaffe!
   Du steckst den Hals noch früh genug ins Eisen.
   – Setzt einen Krug, Herr Schreiber, wie gesagt,
   Zusamt dem Namen des, der ihn zerschlagen.
   Jetzt wird die Sache gleich ermittelt sein.   610
WALTER.
   Herr Richter! Ei! Welch ein gewaltsames Verfahren.
ADAM. Wieso?
LICHT.   Wollt Ihr nicht förmlich –?
ADAM.   Nein! sag ich;
   Ihr Gnaden lieben Förmlichkeiten nicht.
WALTER. Wenn Ihr die Instruktion, Herr Richter Adam,
   Nicht des Prozesses einzuleiten wißt,

Ist hier der Ort jetzt nicht, es Euch zu lehren.
Wenn Ihr Recht anders nicht, als so, könnt geben,
So tretet ab: vielleicht kanns Euer Schreiber.

ADAM. Erlaubt! Ich gabs, wies hier in Huisum üblich;
Euer Gnaden habens also mir befohlen. 620

WALTER. Ich hätt –?

ADAM.   Auf meine Ehre!

WALTER.   Ich befahl Euch,
Recht hier nach den Gesetzen zu erteilen;
Und hier in Huisum glaubt ich die Gesetze
Wie anderswo in den vereinten Staaten.

ADAM. Da muß submiß ich um Verzeihung bitten!
Wir haben hier, mit Euerer Erlaubnis,
Statuten, eigentümliche, in Huisum,
Nicht aufgeschriebene, muß ich gestehn, doch durch
Bewährte Tradition uns überliefert.
Von dieser Form, getrau ich mir zu hoffen, 630
Bin ich noch heut kein Jota abgewichen.
Doch auch in Eurer andern Form bin ich,
Wie sie im Reich mag üblich sein, zu Hause.
Verlangt Ihr den Beweis? Wohlan, befehlt!
Ich kann Recht so jetzt, jetzo so erteilen.

WALTER. Ihr gebt mir schlechte Meinungen, Herr Richter.
Es sei. Ihr fangt von vorn die Sache an. –

ADAM. Auf Ehr! Gebt acht, Ihr sollt zufrieden sein.
– Frau Marthe Rull! Bringt Eure Klage vor.

FRAU MARTHE.
Ich klag, Ihr wißts, hier wegen dieses Krugs; 640
Jedoch vergönnt, daß ich, bevor ich melde
Was diesem Krug geschehen, auch beschreibe
Was er vorher mir war.

ADAM.   Das Reden ist an Euch.

FRAU MARTHE.
Seht ihr den Krug, ihr wertgeschätzten Herren?
Seht ihr den Krug?

ADAM.   O ja, wir sehen ihn.

FRAU MARTHE.

Nichts seht ihr, mit Verlaub, die Scherben seht ihr;
Der Krüge schönster ist entzwei geschlagen.
Hier grade auf dem Loch, wo jetzo nichts,
Sind die gesamten niederländischen Provinzen
Dem span'schen Philipp übergeben worden. 650
Hier im Ornat stand Kaiser Karl der fünfte:
Von dem seht ihr nur noch die Beine stehn.
Hier kniete Philipp, und empfing die Krone:
Der liegt im Topf, bis auf den Hinterteil,
Und auch noch der hat einen Stoß empfangen.
Dort wischten seine beiden Muhmen sich,
Der Franzen und der Ungarn Königinnen,
Gerührt die Augen aus; wenn man die eine
Die Hand noch mit dem Tuch empor sieht heben,
So ists, als weinete sie über sich. 660
Hier im Gefolge stützt sich Philibert,
Für den den Stoß der Kaiser aufgefangen,
Noch auf das Schwert; doch jetzo müßt er fallen,
So gut wie Maximilian: der Schlingel!
Die Schwerter unten jetzt sind weggeschlagen.
Hier in der Mitte, mit der heilgen Mütze,
Sah man den Erzbischof von Arras stehn;
Den hat der Teufel ganz und gar geholt,
Sein Schatten nur fällt lang noch übers Pflaster.
Hier standen rings, im Grunde, Leibtrabanten, 670
Mit Hellebarden, dicht gedrängt, und Spießen,
Hier Häuser, seht, vom großen Markt zu Brüssel,
Hier guckt noch ein Neugierger aus dem Fenster:
Doch was er jetzo sieht, das weiß ich nicht.

ADAM. Frau Marth! Erlaßt uns das zerscherbte Paktum,
Wenn es zur Sache nicht gehört.
Uns geht das Loch – nichts die Provinzen an,
Die darauf übergeben worden sind.

FRAU MARTHE.

Erlaubt! Wie schön der Krug, gehört zur Sache! –

Den Krug erbeutete sich Childerich,   680
Der Kesselflicker, als Oranien
Briel mit den Wassergeusen überrumpelte.
Ihn hatt ein Spanier, gefüllt mit Wein,
Just an den Mund gesetzt, als Childerich
Den Spanier von hinten niederwarf,
Den Krug ergriff, ihn leert' und weiter ging.

ADAM. Ein würdger Wassergeuse.

FRAU MARTHE.   Hierauf vererbte
Der Krug auf Fürchtegott, den Totengräber;
Der trank zu dreimal nur, der Nüchterne,
Und stets vermischt mit Wasser aus dem Krug.   690
Das erstemal, als er im Sechzigsten
Ein junges Weib sich nahm; drei Jahre drauf,
Als sie noch glücklich ihn zum Vater machte;
Und als sie jetzt noch funfzehn Kinder zeugte,
Trank er zum dritten Male, als sie starb.

ADAM. Gut. Das ist auch nicht übel.

FRAU MARTHE.   Drauf fiel der Krug
An den Zachäus, Schneider in Tirlemont,
Der meinem sel'gen Mann, was ich euch jetzt
Berichten will, mit eignem Mund erzählt.
Der warf, als die Franzosen plünderten,   700
Den Krug, samt allem Hausrat, aus dem Fenster,
Sprang selbst, und brach den Hals, der Ungeschickte,
Und dieser irdne Krug, der Krug von Ton,
Aufs Bein kam er zu stehen, und blieb ganz.

ADAM.
Zur Sache, wenns beliebt, Frau Marthe Rull! Zur Sache!

FRAU MARTHE.
Drauf in der Feuersbrunst von sechsundsechzig,
Da hatt ihn schon mein Mann, Gott hab ihn selig –

ADAM.
Zum Teufel! Weib! So seid Ihr noch nicht fertig?

FRAU MARTHE.
– Wenn ich nicht reden soll, Herr Richter Adam,

So bin ich unnütz hier, so will ich gehn,   710
Und ein Gericht mir suchen, das mich hört.
WALTER. Ihr sollt hier reden: doch von Dingen nicht,
Die Eurer Klage fremd. Wenn Ihr uns sagt,
Daß jener Krug Euch wert, so wissen wir
Soviel, als wir zum Richten hier gebrauchen.
FRAU MARTHE. Wieviel ihr brauchen möget, hier zu richten,
Das weiß ich nicht, und untersuch es nicht;
Das aber weiß ich, daß ich, um zu klagen,
Muß vor euch sagen dürfen, über was.
WALTER.
Gut denn. Zum Schluß jetzt. Was geschah dem Krug?   720
Was? – Was geschah dem Krug im Feuer
Von Anno sechsundsechzig? Wird mans hören?
Was ist dem Krug geschehn?
FRAU MARTHE.   Was ihm geschehen?
Nichts ist dem Krug, ich bitt euch sehr, ihr Herren,
Nichts Anno sechsundsechzig ihm geschehen.
Ganz blieb der Krug, ganz in der Flammen Mitte,
Und aus des Hauses Asche zog ich ihn
Hervor, glasiert, am andern Morgen, glänzend,
Als käm er eben aus dem Töpferofen.
WALTER.
Nun gut. Nun kennen wir den Krug. Nun wissen   730
Wir alles, was dem Krug geschehn, was nicht.
Was gibts jetzt weiter?
FRAU MARTHE.   Nun, diesen Krug jetzt, seht – den Krug
Zertrümmert einen Krug noch wert, den Krug
Für eines Fräuleins Mund, die Lippe selbst
Nicht der Frau Erbstatthalterin zu schlecht,
Den Krug, ihr hohen Herren Richter beide,
Den Krug hat jener Schlingel mir zerbrochen.
ADAM. Wer?
FRAU MARTHE.   Er, der Ruprecht dort.
RUPRECHT.   Das ist gelogen,
Herr Richter.

ADAM.   Schweig Er, bis man Ihn fragen wird.
  Auch heut an Ihn noch wird die Reihe kommen.   740
  – Habt Ihrs im Protokoll bemerkt?
LICHT.   O ja.
ADAM. Erzählt den Hergang, würdige Frau Marthe.
FRAU MARTHE. Es war Uhr eilfe gestern –
ADAM.   Wann, sagt Ihr?
FRAU MARTHE. Uhr eilf.
ADAM.   Am Morgen!
FRAU MARTHE.   Nein, verzeiht, am Abend –
  Und schon die Lamp im Bette wollt ich löschen,
  Als laute Männerstimmen, ein Tumult,
  In meiner Tochter abgelegnen Kammer,
  Als ob der Feind einbräche, mich erschreckt.
  Geschwind die Trepp eil ich hinab, ich finde
  Die Kammertür gewaltsam eingesprengt,   750
  Schimpfreden schallen wütend mir entgegen,
  Und da ich mir den Auftritt jetzt beleuchte,
  Was find ich jetzt, Herr Richter, was jetzt find ich?
  Den Krug find ich zerscherbt im Zimmer liegen,
  In jedem Winkel liegt ein Stück,
  Das Mädchen ringt die Händ, und er, der Flaps dort,
  Der trotzt, wie toll, Euch in des Zimmers Mitte.
ADAM. Ei, Wetter!
FRAU MARTHE.   Was?
ADAM.   Sieh da, Frau Marthe!
FRAU MARTHE.   Ja! –
  Drauf ists, als ob, in so gerechtem Zorn,
  Mir noch zehn Arme wüchsen, jeglichen   760
  Fühl ich mir wie ein Geier ausgerüstet.
  Ihn stell ich dort zur Rede, was er hier
  In später Nacht zu suchen, mir die Krüge
  Des Hauses tobend einzuschlagen habe:
  Und er, zur Antwort gibt er mir, jetzt ratet?
  Der Unverschämte! Der Halunke, der!
  Aufs Rad will ich ihn sehen, oder mich

Nicht mehr geduldig auf den Rücken legen:
Er spricht, es hab ein anderer den Krug
Vom Sims gestürzt – ein anderer, ich bitt Euch,   770
Der vor ihm aus der Kammer nur entwichen;
– Und überhäuft mit Schimpf mir da das Mädchen.
ADAM. O! faule Fische – Hierauf?
FRAU MARTHE.   Auf dies Wort
Seh ich das Mädchen fragend an; die steht
Gleich einer Leiche da, ich sage: Eve! –
Sie setzt sich; ists ein anderer gewesen,
Frag ich? Und Joseph und Maria, ruft sie,
Was denkt Ihr Mutter auch? – So sprich! Wer wars?
Wer sonst, sagt sie, – und wer auch konnt es anders?
Und schwört mir zu, daß ers gewesen ist.   780
EVE. Was schwor ich Euch? Was hab ich Euch geschworen?
Nichts schwor ich, nichts Euch –
FRAU MARTHE.   Eve!
EVE.   Nein! Dies lügt Ihr –
RUPRECHT. Da hört ihrs.
ADAM.   Hund, jetzt, verfluchter, schweig,
Soll hier die Faust den Rachen dir nicht stopfen!
Nachher ist Zeit für dich, nicht jetzt.
FRAU MARTHE. Du hättest nicht –?
EVE.   Nein, Mutter! Dies verfälscht Ihr
Seht, leid tuts in der Tat mir tief zur Seele,
Daß ich es öffentlich erklären muß:
Doch nichts schwor ich, nichts, nichts hab ich geschworen.
ADAM. Seid doch vernünftig, Kinder.
LICHT.   Das ist ja seltsam.   790
FRAU MARTHE. Du hättest mir, o Eve, nicht versichert –?
Nicht Joseph und Maria angerufen?
EVE. Beim Schwur nicht! Schwörend nicht! Seht, dies jetzt
                              schwör ich,
Und Joseph und Maria ruf ich an.
ADAM. Ei, Leutchen! Ei, Frau Marthe! Was auch macht Sie?
Wie schüchtert Sie das gute Kind auch ein.

Wenn sich die Jungfer wird besonnen haben,
Erinnert ruhig dessen, was geschehen,
– Ich sage, was geschehen *ist*, und was,
Spricht sie nicht, wie sie soll, geschehn noch *kann*:   800
Gebt acht, so sagt sie heut uns aus, wie gestern,
Gleichviel, ob sies beschwören kann, ob nicht.
Laßt Joseph und Maria aus dem Spiele.

WALTER. Nicht doch, Herr Richter, nicht! Wer wollte den
Parteien so zweideutge Lehren geben.

FRAU MARTHE. Wenn sie ins Angesicht mir sagen kann,
Schamlos, die liederliche Dirne, die,
Daß es ein andrer als der Ruprecht war,
So mag meintwegen sie – ich mag nicht sagen, was.
Ich aber, ich versichr' es Euch, Herr Richter,   810
Und kann ich gleich nicht, daß sies schwor, behaupten,
Daß sies gesagt hat gestern, das beschwör *ich*,
Und Joseph und Maria ruf ich an.

ADAM. Nun weiter will ja auch die Jungfer –

WALTER.   Herr Richter!

ADAM.
Euer Gnaden? – Was sagt er? – Nicht, Herzens-Evchen?

FRAU MARTHE.
Heraus damit! Hast dus mir nicht gesagt?
Hast dus mir gestern nicht, mir nicht gesagt?

EVE. Wer leugnet Euch, daß ichs gesagt –

ADAM.   Da habt ihrs.

RUPRECHT. Die Metze, die!

ADAM.   Schreibt auf.

VEIT.   Pfui, schäm Sie sich.

WALTER. Von Eurer Aufführung, Herr Richter Adam,   820
Weiß ich nicht, was ich denken soll. Wenn Ihr selbst
Den Krug zerschlagen hättet, könntet Ihr
Von Euch ab den Verdacht nicht eifriger
Hinwälzen auf den jungen Mann, als jetzt. –
Ihr setzt nicht mehr ins Protokoll, Herr Schreiber,
Als nur der Jungfer Eingeständnis, hoff ich,

Vom gestrigen Geständnis, nicht vom Fakto.
– Ists an die Jungfer jetzt schon auszusagen?
ADAM. Mein Seel, wenns ihre Reihe noch nicht ist,
In solchen Dingen irrt der Mensch, Euer Gnaden.   830
Wen hätt ich fragen sollen jetzt? Beklagten?
Auf Ehr! Ich nehme gute Lehre an.
WALTER. Wie unbefangen! – Ja, fragt den Beklagten.
Fragt, macht ein Ende, fragt, ich bitt Euch sehr:
Dies ist die letzte Sache, die Ihr führt.
ADAM. Die letzte! Was! Ei freilich! Den Beklagten!
Wohin auch, alter Richter, dachtest du?
Verflucht, das pipsge Perlhuhn mir! Daß es
Krepiert wär an der Pest in Indien!
Stets liegt der Kloß von Nudeln mir im Sinn.   840
WALTER.
Was liegt? Was für ein Kloß liegt Euch –?
ADAM.   Der Nudelkloß,
Verzeiht, den ich dem Huhne geben soll.
Schluckt mir das Aas die Pille nicht herunter,
Mein Seel, so weiß ich nicht, wies werden wird.
WALTER. Tut Eure Schuldigkeit, sag ich, zum Henker!
ADAM. Beklagter trete vor.
RUPRECHT.   Hier, Herr Dorfrichter.
Ruprecht, Veits des Kossäten Sohn, aus Huisum.
ADAM. Vernahm Er dort, was vor Gericht soeben
Frau Marthe gegen Ihn hat angebracht?
RUPRECHT. Ja, Herr Dorfrichter, das hab ich.
ADAM.   Getraut Er sich
Etwas dagegen aufzubringen, was?   850
Bekennt Er, oder unterfängt Er sich,
Hier wie ein gottvergeßner Mensch zu leugnen?
RUPRECHT. Was ich dagegen aufzubringen habe,
Herr Richter? Ei! Mit Euerer Erlaubnis,
Daß sie kein wahres Wort gesprochen hat.
ADAM. So? Und das denkt Er zu beweisen?
RUPRECHT. O ja.

ADAM.   Die würdige Frau Marthe, die.
  Beruhige Sie sich. Es wird sich finden.
WALTER.
  Was geht Ihm die Frau Marthe an, Herr Richter?   860
ADAM. Was mir –? Bei Gott! Soll ich als Christ –?
WALTER.   Bericht
  Er, was Er für sich anzuführen hat. –
  Herr Schreiber, wißt Ihr den Prozeß zu führen?
ADAM. Ach, was!
LICHT.   Ob ich – ei nun, wenn Euer Gnaden –
ADAM. Was glotzt Er da? Was hat Er aufzubringen?
  Steht nicht der Esel, wie ein Ochse, da?
  Was hat Er aufzubringen?
RUPRECHT.   Was ich aufzubringen?
WALTER. Er ja, Er soll den Hergang jetzt erzählen.
RUPRECHT.
  Mein Seel, wenn man zu Wort mich kommen ließe.
WALTER. 's ist in der Tat, Herr Richter, nicht zu dulden.   870
RUPRECHT.
  Glock zehn Uhr mocht es etwa sein zu Nacht, –
  Und warm just diese Nacht des Januars
  Wie Mai, – als ich zum Vater sage: Vater!
  Ich will ein bissel noch zur Eve gehn.
  Denn heuren wollt ich sie, das müßt ihr wissen,
  Ein rüstig Mädel ists, ich habs beim Ernten
  Gesehn, wo alles von der Faust ihr ging,
  Und ihr das Heu man flog, als wie gemaust.
  Da sagt ich: willst du? Und sie sagte: ach!
  Was du da gakelst. – Und nachher sagt' sie, ja.   880
ADAM. Bleib Er bei seiner Sache. Gakeln! Was!
  Ich sagte, willst du? Und sie sagte, ja.
RUPRECHT.
  Ja, meiner Treu, Herr Richter.
WALTER.   Weiter! Weiter!
RUPRECHT.   Nun –
  Da sagt ich: Vater, hört Er? Laß er mich.

> Wir schwatzen noch am Fenster was zusammen.
> Na, sagt er, lauf; bleibst du auch draußen, sagt er?
> Ja, meiner Seel, sag ich, das ist geschworen.
> Na, sagt er, lauf, um eilfe bist du hier.

ADAM. Na, so sag du, und gakle, und kein Ende.
> Na, hat er bald sich ausgesagt?

RUPRECHT.   Na, sag ich,   890
> Das ist ein Wort, und setz die Mütze auf,
> Und geh; und übern Steig will ich, und muß
> Durchs Dorf zurückgehn, weil der Bach geschwollen.
> Ei, alle Wetter, denk ich, Ruprecht, Schlag!
> Nun ist die Gartentür bei Marthens zu:
> Denn bis um zehn läßt 's Mädel sie nur offen,
> Wenn ich um zehn nicht da bin, komm ich nicht.

ADAM. Die liederliche Wirtschaft, die.

WALTER.   Drauf weiter?

RUPRECHT. Drauf – wie ich übern Lindengang mich näh're
> Bei Marthens, wo die Reihen dicht gewölbt,   900
> Und dunkel, wie der Dom zu Utrecht, sind,
> Hör ich die Gartentüre fernher knarren.
> Sieh da! Da ist die Eve noch! sag ich,
> Und schicke freudig Euch, von wo die Ohren
> Mir Kundschaft brachten, meine Augen nach –
> – Und schelte sie, da sie mir wiederkommen,
> Für blind, und schicke auf der Stelle sie
> Zum zweitenmal, sich besser umzusehen,
> Und schimpfe sie nichtswürdige Verleumder,
> Aufhetzer, niederträchtge Ohrenbläser,   910
> Und schicke sie zum drittenmal, und denke,
> Sie werden, weil sie ihre Pflicht getan,
> Unwillig los sich aus dem Kopf mir reißen,
> Und sich in einen andern Dienst begeben:
> Die Eve ists, am Latz erkenn ich sie,
> Und einer ists noch obenein.

ADAM. So? Einer noch? Und wer, Er Klugschwätzer?

RUPRECHT. Wer? Ja, mein Seel, da fragt Ihr mich –

ADAM.   Nun also!
  Und nicht gefangen, denk ich, nicht gehangen.
WALTER. Fort! Weiter in der Rede! Laßt ihn doch!   920
  Was unterbrecht Ihr ihn, Herr Dorfrichter?
RUPRECHT.
  Ich kann das Abendmahl darauf nicht nehmen,
  Stockfinster wars, und alle Katzen grau.
  Doch müßt Ihr wissen, daß der Flickschuster,
  Der Lebrecht, den man kürzlich losgesprochen,
  Dem Mädel längst mir auf die Fährte ging.
  Ich sagte vorgen Herbst schon: Eve, höre,
  Der Schuft schleicht mir ums Haus, das mag ich nicht;
  Sag ihm, daß du kein Braten bist für ihn,
  Mein Seel, sonst werf ich ihn vom Hof herunter.   930
  Die spricht, ich glaub, du schierst mich, sagt ihm was,
  Das ist nicht hin, nicht her, nicht Fisch, nicht Fleisch:
  Drauf geh ich hin, und werf den Schlingel herunter.
ADAM. So? Lebrecht heißt der Kerl?
RUPRECHT.   Ja, Lebrecht.
ADAM.   Gut.
  Das ist ein Nam. Es wird sich alles finden.
  – Habt Ihrs bemerkt im Protokoll, Herr Schreiber?
LICHT. O ja, und alles andere, Herr Richter.
ADAM. Sprich weiter, Ruprecht, jetzt, mein Sohn.
RUPRECHT.   Nun schießt,
  Da ich Glock eilf das Pärchen hier begegne,
  – Glock zehn Uhr zog ich immer ab – das Blatt mir.   940
  Ich denke, halt, jetzt ists noch Zeit, o Ruprecht,
  Noch wachsen dir die Hirschgeweihe nicht: –
  Hier mußt du sorgsam dir die Stirn befühlen,
  Ob dir von fern hornartig etwas keimt.
  Und drücke sacht mich durch die Gartenpforte,
  Und berg in einen Strauch von Taxus mich:
  Und hör Euch ein Gefispre hier, ein Scherzen,
  Ein Zerren hin, Herr Richter, Zerren her,
  Mein Seel, ich denk, ich soll vor Lust –

EVE.   Du Böswicht!
  Was das, o, schändlich ist von dir!
FRAU MARTHE.   Halunke!   950
  Dir weis ich noch einmal, wenn wir allein sind,
  Die Zähne! Wart! Du weißt noch nicht, wo mir
  Die Haare wachsen! Du sollsts erfahren!
RUPRECHT.
  Ein Viertelstündchen dauerts so, ich denke,
  Was wirds doch werden, ist doch heut nicht Hochzeit?
  Und eh ich den Gedanken ausgedacht,
  Husch! sind sie beid ins Haus schon, vor dem Pastor.
EVE. Geht, Mutter, mag es werden, wie es will –
ADAM. Schweig du mir dort, rat ich, das Donnerwetter
  Schlägt über dich ein, unberufne Schwätzerin!   960
  Wart, bis ich auf zur Red dich rufen werde.
WALTER. Sehr sonderbar, bei Gott!
RUPRECHT.   Jetzt hebt, Herr Richter Adam,
  Jetzt hebt sichs, wie ein Blutsturz, mir. Luft!
  Da mir der Knopf am Brustlatz springt: Luft jetzt!
  Und reiße mir den Latz auf: Luft jetzt sag ich!
  Und geh, und drück, und tret und donnere,
  Da ich der Dirne Tür verriegelt finde,
  Gestemmt, mit Macht, auf einen Tritt, sie ein.
ADAM. Blitzjunge, du!
RUPRECHT.   Just da sie auf jetzt rasselt,
  Stürzt dort der Krug vom Sims ins Zimmer hin,   970
  Und husch! springt einer aus dem Fenster Euch:
  Ich seh die Schöße noch vom Rocke wehn.
ADAM. War das der Leberecht?
RUPRECHT.   Wer sonst, Herr Richter?
  Das Mädchen steht, die werf ich übern Haufen,
  Zum Fenster eil ich hin, und find den Kerl
  Noch in den Pfählen hangen, am Spalier,
  Wo sich das Weinlaub aufrankt bis zum Dach.
  Und da die Klinke in der Hand mir blieb,
  Als ich die Tür eindonnerte, so reiß ich

Jetzt mit dem Stahl eins pfundschwer übern Detz ihm:
Den just, Herr Richter, konnt ich noch erreichen. 981
ADAM. Wars eine Klinke?
RUPRECHT.   Was?
ADAM.   Obs –
RUPRECHT.   Ja, die Türklinke.
ADAM. Darum.
LICHT.   Ihr glaubtet wohl, es war ein Degen?
ADAM. Ein Degen? Ich – wieso?
RUPRECHT.   Ein Degen!
LICHT.   Je nun!
Man kann sich wohl verhören. Eine Klinke
Hat sehr viel Ähnlichkeit mit einem Degen.
ADAM. Ich glaub –!
LICHT.   Bei meiner Treu! Der Stiel, Herr Richter?
ADAM. Der Stiel!
RUPRECHT.   Der Stiel! Der wars nun aber nicht.
Der Klinke umgekehrtes Ende wars.
ADAM. Das umgekehrte Ende wars der Klinke! 990
LICHT. So! So!
RUPRECHT.   Doch auf dem Griffe lag ein Klumpen
Blei, wie ein Degengriff, das muß ich sagen.
ADAM. Ja, wie ein Griff.
LICHT.   Gut. Wie ein Degengriff.
Doch irgend eine tücksche Waffe mußt es
Gewesen sein. Das wußt ich wohl.
WALTER. Zur Sache stets, ihr Herren, doch! Zur Sache!
ADAM. Nichts als Allotrien, Herr Schreiber! – Er, weiter!
RUPRECHT.
Jetzt stürzt der Kerl, und ich schon will mich wenden,
Als ichs im Dunkeln auf sich rappeln sehe.
Ich denke, lebst du noch? und steig aufs Fenster 1000
Und will dem Kerl das Gehen unten legen:
Als jetzt, ihr Herrn, da ich zum Sprung just aushol,
Mir eine Handvoll grobgekörnten Sandes –
– Und Kerl und Nacht und Welt und Fensterbrett,

Worauf ich steh, denk ich nicht, straf mich Gott,
Das alles fällt in einen Sack zusammen –
Wie Hagel, stiebend, in die Augen fliegt.

ADAM. Verflucht! Sieh da! Wer tat das?

RUPRECHT.   Wer? Der Lebrecht.

ADAM. Halunke!

RUPRECHT.   Meiner Treu! Wenn ers gewesen.

ADAM. Wer sonst!

RUPRECHT.   Als stürzte mich ein Schloßenregen   1010
Von eines Bergs zehn Klaftern hohen Abhang,
So schlag ich jetzt vom Fenster Euch ins Zimmer:
Ich denk, ich schmettere den Boden ein.
Nun brech ich mir den Hals doch nicht, auch nicht
Das Kreuz mir, Hüften, oder sonst, inzwischen
Konnt ich des Kerls doch nicht mehr habhaft werden,
Und sitze auf, und wische mir die Augen.
Die kommt, und ach, Herr Gott! ruft sie, und Ruprecht!
Was ist dir auch? Mein Seel, ich hob den Fuß,
Gut wars, daß ich nicht sah, wohin ich stieß.   1020

ADAM. Kam das vom Sande noch?

RUPRECHT.   Vom Sandwurf, ja.

ADAM. Verdammt! Der traf!

RUPRECHT.   Da ich jetzt aufersteh,
Was sollt ich auch die Fäuste hier mir schänden?
So schimpf ich sie, und sage liederliche Metze,
Und denke, das ist gut genug für sie.
Doch Tränen, seht, ersticken mir die Sprache.
Denn da Frau Marthe jetzt ins Zimmer tritt,
Die Lampe hebt, und ich das Mädchen dort
Jetzt schlotternd, zum Erbarmen, vor mir sehe,
Sie, die so herzhaft sonst wohl um sich sah,   1030
So sag ich zu mir, blind ist auch nicht übel.
Ich hätte meine Augen hingegeben,
Knippkügelchen, wer will, damit zu spielen.

EVE. Er ist nicht wert, der Böswicht –

ADAM.   Sie soll schweigen!

RUPRECHT. Das Weitere wißt ihr.
ADAM. Wie, das Weitere?
RUPRECHT. Nun ja, Frau Marthe kam, und geiferte,
  Und Ralf, der Nachbar, kam, und Hinz, der Nachbar,
  Und Muhme Sus und Muhme Liese kamen,
  Und Knecht und Mägd und Hund und Katzen kamen,
  's war ein Spektakel, und Frau Marthe fragte 1040
  Die Jungfer dort, wer ihr den Krug zerschlagen,
  Und die, die sprach, ihr wißts, daß ichs gewesen.
  Mein Seel, sie hat so unrecht nicht, ihr Herren.
  Den Krug, den sie zu Wasser trug, zerschlug ich,
  Und der Flickschuster hat im Kopf ein Loch. –
ADAM. Frau Marthe! Was entgegnet Ihr der Rede?
  Sagt an!
FRAU MARTHE. Was ich der Red entgegne?
  Daß sie, Herr Richter, wie der Marder einbricht,
  Und Wahrheit wie ein gakelnd Huhn erwürgt.
  Was Recht liebt, sollte zu den Keulen greifen, 1050
  Um dieses Ungetüm der Nacht zu tilgen.
ADAM. Da wird Sie den Beweis uns führen müssen.
FRAU MARTHE.
  O ja, sehr gern. – Hier ist mein Zeuge. – Rede!
ADAM. Die Tochter? Nein, Frau Marthe.
WALTER. Nein? Warum nicht?
ADAM. Als Zeugin, gnädger Herr? Steht im Gesetzbuch
  Nicht titulo, ists quarto? oder quinto?
  Wenn Krüge oder sonst, was weiß ich?
  Von jungen Bengeln sind zerschlagen worden,
  So zeugen Töchter ihren Müttern nicht?
WALTER.
  In Eurem Kopf liegt Wissenschaft und Irrtum 1060
  Geknetet, innig, wie ein Teig, zusammen;
  Mit jedem Schnitte gebt Ihr mir von beidem.
  Die Jungfer zeugt noch nicht, sie deklariert jetzt;
  Ob, und für wen, sie zeugen will und kann,
  Wird erst aus der Erklärung sich ergeben.

ADAM. Ja, deklarieren. Gut. Titulo sexto.
   Doch was sie sagt, das glaubt man nicht.
WALTER. Tritt vor, mein junges Kind.
ADAM.   He! Lies' –! – Erlaubt!
   Die Zunge wird sehr trocken mir – Margrete!   1069

Achter Auftritt

Eine Magd tritt auf. Die Vorigen.

ADAM. Ein Glas mit Wasser! –
DIE MAGD.   Gleich! *(Ab.)*
ADAM.   Kann ich Euch gleichfalls –?
WALTER. Ich danke.
ADAM.   Franz? oder Mos'ler? Was Ihr wollt.
   (Walter verneigt sich; die Magd bringt Wasser und entfernt
   sich.)

Neunter Auftritt

Walter. Adam. Frau Marthe usw. ohne die Magd.

ADAM. – Wenn ich freimütig reden darf, Ihr Gnaden,
   Die Sache eignet gut sich zum Vergleich.
WALTER.
   Sich zum Vergleich? Das ist nicht klar, Herr Richter.
   Vernünftge Leute können sich vergleichen;
   Doch wie *Ihr* den Vergleich schon wollt bewirken,
   Da noch durchaus die Sache nicht entworren,
   Das hätt ich wohl von Euch zu hören Lust.
   Wie denkt Ihrs anzustellen, sagt mir an?
   Habt Ihr ein Urteil schon gefaßt?
ADAM.   Mein Seel!   1080
   Wenn ich, da das Gesetz im Stich mich läßt,
   Philosophie zu Hülfe nehmen soll,
   So wars – der Leberecht –

WALTER. Wer?

ADAM. Oder Ruprecht –

WALTER. Wer?

ADAM. Oder Lebrecht, der den Krug zerschlug.

WALTER. Wer also wars? Der Lebrecht oder Ruprecht?
　Ihr greift, ich seh, mit Eurem Urteil ein,
　Wie eine Hand in einen Sack voll Erbsen.

ADAM. Erlaubt!

WALTER. Schweigt, schweigt, ich bitt Euch.

ADAM. Wie Ihr wollt.
　Auf meine Ehr, mir wärs vollkommen recht,
　Wenn sie es alle beid gewesen wären.　　　　　　　1090

WALTER. Fragt dort, so werdet Ihrs erfahren.

ADAM. Sehr gern.
　Doch wenn Ihrs herausbekommt, bin ich ein Schuft.
　– Habt Ihr das Protokoll da in Bereitschaft?

LICHT. Vollkommen.

ADAM. Gut.

LICHT. Und brech ein eignes Blatt mir,
　Begierig, was darauf zu stehen kommt.

ADAM. Ein eignes Blatt? Auch gut.

WALTER. Sprich dort, mein Kind.

ADAM.
　Sprich, Evchen, hörst du, sprich jetzt, Jungfer Evchen!
　Gib Gotte, hörst du, Herzchen, gib, mein Seel,
　Ihm und der Welt, gib ihm was von der Wahrheit.
　Denk, daß du hier vor Gottes Richtstuhl bist,　　　1100
　Und daß du deinen Richter nicht mit Leugnen,
　Und Plappern, was zur Sache nicht gehört,
　Betrüben mußt. Ach, was! Du bist vernünftig.
　Ein Richter immer, weißt du, ist ein Richter,
　Und einer braucht ihn heut, und einer morgen.
　Sagst du, daß es der Lebrecht war: nun gut;
　Und sagst du, daß es Ruprecht war: auch gut!
　Sprich so, sprich so, ich bin kein ehrlicher Kerl,
　Es wird sich alles, wie dus wünschest, finden.

Willst du mir hier von einem andern trätschen,   1110
Und dritten etwa, dumme Namen nennen:
Sieh, Kind, nimm dich in acht, ich sag nichts weiter.
In Huisum, hols der Henker, glaubt dirs keiner,
Und keiner, Evchen, in den Niederlanden,
Du weißt, die weißen Wände zeugen nicht,
Der auch wird zu verteidigen sich wissen:
Und deinen Ruprecht holt die Schwerenot!

WALTER. Wenn Ihr doch Eure Reden lassen wolltet.
    Geschwätz, gehauen nicht und nicht gestochen.

ADAM. Verstehens Euer Gnaden nicht?

WALTER.   Macht fort!   1120
    Ihr habt zulängst hier auf dem Stuhl gesprochen.

ADAM. Auf Ehr! Ich habe nicht studiert, Euer Gnaden.
    Bin ich euch Herrn aus Utrecht nicht verständlich,
    Mit diesem Volk vielleicht verhält sichs anders:
    Die Jungfer weiß, ich wette, was ich will.

FRAU MARTHE.
    Was soll das? Dreist heraus jetzt mit der Sprache!

EVE. O liebste Mutter!

FRAU MARTHE.   Du –! Ich rate dir!

RUPRECHT.
    Mein Seel, 's ist schwer, Frau Marthe, dreist zu sprechen,
    Wenn das Gewissen an der Kehl uns sitzt.

ADAM. Schweig Er jetzt, Naseweis, mucks Er nicht.

FRAU MARTHE.   Wer wars?

EVE. O Jesus!

FRAU MARTHE.   Maulaffe, der! Der niederträchtige!   1131
    O Jesus! Als ob sie eine Hure wäre.
    Wars der Herr Jesus?

ADAM.   Frau Marthe! Unvernunft!
    Was das für –! Laß Sie die Jungfer doch gewähren!
    Das Kind erschrecken – Hure – Schafsgesicht!
    So wirds uns nichts. Sie wird sich schon besinnen.

RUPRECHT. O ja, besinnen.

ADAM.   Flaps dort, schweig Er jetzt.

RUPRECHT. Der Flickschuster wird ihr schon einfallen.

ADAM. Der Satan! Ruft den Büttel! He! Hanfriede!

RUPRECHT.
Nun, nun! Ich schweig, Herr Richter, laßts nur sein.   1140
Sie wird Euch schon auf meinen Namen kommen.

FRAU MARTHE.
Hör du, mach mir hier kein Spektakel, sag ich.
Hör, neunundvierzig bin ich alt geworden
In Ehren: funfzig möcht ich gern erleben.
Den dritten Februar ist mein Geburtstag;
Heut ist der erste. Mach es kurz. Wer wars?

ADAM. Gut, meinethalben! Gut, Frau Marthe Rull!

FRAU MARTHE.
Der Vater sprach, als er verschied: Hör, Marthe,
Dem Mädel schaff mir einen wackern Mann;
Und wird sie eine liederliche Metze,   1150
So gib dem Totengräber einen Groschen,
Und laß mich wieder auf den Rücken legen:
Mein Seel, ich glaub, ich kehr im Grab mich um.

ADAM. Nun, das ist auch nicht übel.

FRAU MARTHE.   Willst du Vater
Und Mutter jetzt, mein Evchen, nach dem vierten
Gebot hoch ehren, gut, so sprich: in meine Kammer
Ließ ich den Schuster, oder einen dritten,
Hörst du? Der Bräutgam aber war es nicht.

RUPRECHT.
Sie jammert mich. Laßt doch den Krug, ich bitt Euch;
Ich will'n nach Utrecht tragen. Solch ein Krug –   1160
Ich wollt ich hätt ihn nur entzwei geschlagen.

EVE. Unedelmütger, du! Pfui, schäme dich,
Daß du nicht sagst, gut, ich zerschlug den Krug!
Pfui, Ruprecht, pfui, o schäme dich, daß du
Mir nicht in meiner Tat vertrauen kannst.
Gab ich die Hand dir nicht und sagte, ja,
Als du mich fragtest, Eve, willst du mich?
Meinst du, daß du den Flickschuster nicht wert bist?

Und hättest du durchs Schlüsselloch mich mit
Dem Lebrecht aus dem Kruge trinken sehen,   1170
Du hättest denken sollen: Ev ist brav,
Es wird sich alles ihr zum Ruhme lösen,
Und ists im Leben nicht, so ist es jenseits,
Und wenn wir auferstehn ist auch ein Tag.

RUPRECHT. Mein Seel, das dauert mir zu lange, Evchen.
Was ich mit Händen greife, glaub ich gern.

EVE. Gesetzt, es wär der Leberecht gewesen,
Warum – des Todes will ich ewig sterben,
Hätt ichs dir Einzigem nicht gleich vertraut;
Jedoch warum vor Nachbarn, Knecht' und Mägden –
Gesetzt, ich hätte Grund, es zu verbergen,   1181
Warum, o Ruprecht, sprich, warum nicht sollt ich,
Auf dein Vertraun hin sagen, daß dus warst?
Warum nicht sollt ichs? Warum sollt ich nicht?

RUPRECHT. Ei, so zum Henker, sags, es ist mir recht,
Wenn du die Fiedel dir ersparen kannst.

EVE. O du Abscheulicher! Du Undankbarer!
Wert, daß ich mir die Fiedel spare! Wert,
Daß ich mit einem Wort zu Ehren mich,
Und dich in ewiges Verderben bringe.   1190

WALTER.
Nun –? Und dies einzge Wort –? Halt uns nicht auf.
Der Ruprecht also war es nicht?

EVE. Nein, gnädger Herr, weil ers denn selbst so will,
Um seinetwillen nur verschwieg ich es:
Den irdnen Krug zerschlug der Ruprecht nicht,
Wenn ers Euch selber leugnet, könnt Ihrs glauben.

FRAU MARTHE. Eve! Der Ruprecht nicht?

EVE.   Nein, Mutter, nein!
Und wenn ichs gestern sagte, wars gelogen.

FRAU MARTHE. Hör, dir zerschlag ich alle Knochen!
(Sie setzt den Krug nieder.)

EVE. Tut, was Ihr wollt.

WALTER *(drohend).*   Frau Marthe!

ADAM.   He! Der Büttel! –
  Schmeißt sie heraus dort, die verwünschte Vettel!   1201
  Warum solls Ruprecht just gewesen sein?
  Hat Sie das Licht dabei gehalten, was?
  Die Jungfer, denk ich, wird es wissen müssen:
  Ich bin ein Schelm, wenns nicht der Lebrecht war.

FRAU MARTHE.
  War es der Lebrecht etwa? Wars der Lebrecht?

ADAM.
  Sprich, Evchen, wars der Lebrecht nicht, mein Herzchen?

EVE. Er Unverschämter, Er! Er Niederträchtger!
  Wie kann Er sagen, daß es Lebrecht –

WALTER.   Jungfer!
  Was untersteht Sie sich? Ist das mir der   1210
  Respekt, den Sie dem Richter schuldig ist?

EVE. Ei, was! Der Richter dort! Wert, selbst vor dem
  Gericht, ein armer Sünder, dazustehn –
  – Er, der wohl besser weiß, wer es gewesen!
  (Sich zum Dorfrichter wendend:)
  Hat Er den Lebrecht in die Stadt nicht gestern
  Geschickt nach Utrecht, vor die Kommission,
  Mit dem Attest, die die Rekruten aushebt?
  Wie kann Er sagen, daß es Lebrecht war,
  Wenn Er wohl weiß, daß der in Utrecht ist?

ADAM. Nun wer denn sonst? Wenns Lebrecht nicht, zum
                                      Henker –   1220
  Nicht Ruprecht ist, nicht Lebrecht ist – – Was machst du?

RUPRECHT.
  Mein Seel, Herr Richter Adam, laßt Euch sagen,
  Hierin mag doch die Jungfer just nicht lügen,
  Dem Lebrecht bin ich selbst begegnet gestern,
  Als er nach Utrecht ging, früh wars Glock acht,
  Und wenn er auf ein Fuhrwerk sich nicht lud,
  Hat sich der Kerl, krummbeinig wie er ist,
  Glock zehn Uhr nachts noch nicht zurück gehaspelt.
  Es kann ein dritter wohl gewesen sein.

ADAM.
    Ach, was! Krummbeinig! Schafsgesicht! Der Kerl   1230
    Geht seinen Stiefel, der, trotz einem.
    Ich will von ungespaltnem Leibe sein,
    Wenn nicht ein Schäferhund von mäßger Größe
    Muß seinen Trab gehn, mit ihm fortzukommen.
WALTER. Erzähl den Hergang uns.
ADAM.   Verzeihn Euer Gnaden!
    Hierauf wird Euch die Jungfer schwerlich dienen.
WALTER.
    Nicht dienen? Mir nicht dienen? Und warum nicht?
ADAM. Ein twatsches Kind. Ihr sehts. Gut, aber twatsch.
    Blutjung, gefirmelt kaum; das schämt sich noch,
    Wenns einen Bart von weitem sieht. So'n Volk,   1240
    Im Finstern leiden sies, und wenn es Tag wird,
    So leugnen sies vor ihrem Richter ab.
WALTER. Ihr seid sehr nachsichtsvoll, Herr Richter Adam,
    Sehr mild, in allem, was die Jungfer angeht.
ADAM. Die Wahrheit Euch zu sagen, Herr Gerichtsrat,
    Ihr Vater war ein guter Freund von mir.
    Wollen Euer Gnaden heute huldreich sein,
    So tun wir hier nicht mehr, als unsre Pflicht,
    Und lassen seine Tochter gehn.
WALTER. Ich spüre große Lust in mir, Herr Richter,   1250
    Der Sache völlig auf den Grund zu kommen. –
    Sei dreist, mein Kind; sag, wer den Krug zerschlagen.
    Vor niemand stehst du, in dem Augenblick,
    Der einen Fehltritt nicht verzeihen könnte.
EVE. Mein lieber, würdiger und gnädger Herr,
    Erlaßt mir, Euch den Hergang zu erzählen.
    Von dieser Weigrung denkt uneben nicht.
    Es ist des Himmels wunderbare Fügung,
    Die mir den Mund in dieser Sache schließt.
    Daß Ruprecht jenen Krug nicht traf, will ich   1260
    Mit einem Eid, wenn Ihrs verlangt,
    Auf heiligem Altar bekräftigen.

Jedoch die gestrige Begebenheit,
Mit jedem andern Zuge, ist mein eigen,
Und nicht das ganze Garnstück kann die Mutter,
Um eines einzgen Fadens willen, fordern,
Der, ihr gehörig, durchs Gewebe läuft.
Ich kann hier, wer den Krug zerschlug, nicht melden,
Geheimnisse, die nicht mein Eigentum,
Müßt ich, dem Kruge völlig fremd, berühren.   1270
Früh oder spät will ichs ihr anvertrauen,
Doch hier das Tribunal ist nicht der Ort,
Wo sie das Recht hat, mich darnach zu fragen.

ADAM. Nein, Rechtens nicht. Auf meine Ehre, nicht.
Die Jungfer weiß, wo unsre Zäume hängen.
Wenn sie den Eid hier vor Gericht will schwören,
So fällt der Mutter Klage weg:
Dagegen ist nichts weiter einzuwenden.

WALTER. Was sagt zu der Erklärung Sie, Frau Marthe?

FRAU MARTHE.
Wenn ich gleich was Erkleckliches nicht aufbring,   1280
Gestrenger Herr, so glaubt, ich bitt Euch sehr,
Daß mir der Schlag bloß jetzt die Zunge lähmte.
Beispiele gibts, daß ein verlorner Mensch,
Um vor der Welt zu Ehren sich zu bringen,
Den Meineid vor dem Richterstuhle wagt; doch daß
Ein falscher Eid sich schwören kann, auf heilgem
Altar, um an den Pranger hinzukommen,
Das heut erfährt die Welt zum erstenmal.
Wär, daß ein andrer, als der Ruprecht, sich
In ihre Kammer gestern schlich, gegründet,   1290
Wärs überall nur möglich, gnädger Herr,
Versteht mich wohl, – so säum ich hier nicht länger.
Den Stuhl setzt ich, zur ersten Einrichtung,
Ihr vor die Tür, und sagte, geh, mein Kind,
Die Welt ist weit, da zahlst du keine Miete,
Und lange Haare hast du auch geerbt,
Woran du dich, kommt Zeit, kommt Rat, kannst hängen.

WALTER. Ruhig, ruhig, Frau Marthe.

FRAU MARTHE.   Da ich jedoch
  Hier den Beweis noch anders führen kann,
  Als bloß durch sie, die diesen Dienst mir weigert,   1300
  Und überzeugt bin völlig, daß nur er
  Mir, und kein anderer, den Krug zerschlug,
  So bringt die Lust, es kurzhin abzuschwören,
  Mich noch auf einen schändlichen Verdacht.
  Die Nacht von gestern birgt ein anderes
  Verbrechen noch, als bloß die Krugverwüstung.
  Ich muß Euch sagen, gnädger Herr, daß Ruprecht
  Zur Konskription gehört, in wenig Tagen
  Soll er den Eid zur Fahn in Utrecht schwören.
  Die jungen Landessöhne reißen aus.   1310
  Gesetzt, er hätte gestern nacht gesagt:
  Was meinst du, Evchen? Komm. Die Welt ist groß.
  Zu Kist' und Kasten hast du ja die Schlüssel –
  Und sie, sie hätt ein wenig sich gesperrt:
  So hätte ohngefähr, da ich sie störte,
  – Bei ihm aus Rach, aus Liebe noch bei ihr –
  Der Rest, so wie geschehn, erfolgen können.

RUPRECHT. Das Rabenaas! Was das für Reden sind!
  Zu Kist' und Kasten –

WALTER.   Still!

EVE.   Er, austreten!

WALTER. Zur Sache hier. Vom Krug ist hier die Rede. –   1320
  Beweis, Beweis, daß Ruprecht ihn zerbrach!

FRAU MARTHE.
  Gut, gnädger Herr. Erst will ich hier beweisen,
  Daß Ruprecht mir den Krug zerschlug,
  Und dann will ich im Hause untersuchen. –
  Seht, eine Zunge, die mir Zeugnis redet,
  Bring ich für jedes Wort auf, das er sagte,
  Und hätt in Reihen gleich sie aufgeführt,
  Wenn ich von fern geahndet nur, daß diese
  Die ihrige für mich nicht brauchen würde.

Doch wenn ihr Frau Brigitte jetzo ruft,   1330
Die ihm die Muhm ist, so genügt mir die,
Weil die den Hauptpunkt just bestreiten wird.
Denn die, die hat Glock halb auf eilf im Garten,
Merkt wohl, bevor der Krug zertrümmert worden,
Wortwechselnd mit der Ev ihn schon getroffen;
Und wie die Fabel, die er aufgestellt,
Vom Kopf zu Fuß dadurch gespalten wird,
Durch diese einzge Zung, ihr hohen Richter:
Das überlaß ich selbst euch einzusehn.   1339

RUPRECHT.
  Wer hat mich –?
VEIT.   Schwester Briggy?
RUPRECHT.   Mich mit Ev? Im Garten?
FRAU MARTHE. Ihn mit der Ev, im Garten, Glock halb eilf,
  Bevor er noch, wie er geschwätzt, um eilf
  Das Zimmer überrumpelnd eingesprengt:
  Im Wortgewechsel, kosend bald, bald zerrend,
  Als wollt er sie zu etwas überreden.
ADAM *(für sich)*. Verflucht! Der Teufel ist mir gut.
WALTER. Schafft diese Frau herbei!
RUPRECHT.   Ihr Herrn, ich bitt euch:
  Das ist kein wahres Wort, das ist nicht möglich.
ADAM. O wart, Halunke! – He! Der Büttel! Hanfried! –
  Denn auf der Flucht zerschlagen sich die Krüge –   1350
  – Herr Schreiber, geht, schafft Frau Brigitt herbei!
VEIT. Hör, du verfluchter Schlingel, du, was machst du?
  Dir brech ich alle Knochen noch.
RUPRECHT.   Weshalb auch?
VEIT. Warum verschwiegst du, daß du mit der Dirne
  Glock halb auf eilf im Garten schon scharwenzt?
  Warum verschwiegst dus?
RUPRECHT.   Warum ichs verschwieg?
  Gotts Schlag und Donner, weils nicht wahr ist, Vater!
  Wenn das die Muhme Briggy zeugt, so hängt mich.
  Und bei den Beinen sie meinthalb dazu.

VEIT. *Wenn* aber sies bezeugt – nimm dich in acht!   1360
   Du und die saubre Jungfer Eve dort,
   Wie ihr auch vor Gericht euch stellt, ihr steckt
   Doch unter einer Decke noch. 's ist irgend
   Ein schändliches Geheimnis noch, von dem
   Sie weiß, und nur aus Schonung hier nichts sagt.
RUPRECHT.
   Geheimnis! Welches?
VEIT.   Warum hast du eingepackt?
   He? Warum hast du gestern abend eingepackt?
RUPRECHT. Die Sachen?
VEIT.   Röcke, Hosen, ja, und Wäsche;
   Ein Bündel, wies ein Reisender just auf
   Die Schultern wirft?
RUPRECHT.   Weil ich nach Utrecht soll!   1370
   Weil ich zum Regiment soll! Himmel-Donner –!
   Glaubt Er, daß ich –?
VEIT.   Nach Utrecht? Ja, nach Utrecht!
   Du hast geeilt, nach Utrecht hinzukommen!
   Vorgestern wußtest du noch nicht, ob du
   Den fünften oder sechsten Tag wirst reisen.
WALTER. Weiß Er zur Sache was zu melden, Vater?
VEIT. – Gestrenger Herr, ich will noch nichts behaupten.
   Ich war daheim, als sich der Krug zerschlug,
   Und auch von einer andern Unternehmung
   Hab ich, die Wahrheit zu gestehn, noch nichts,   1380
   Wenn ich jedweden Umstand wohl erwäge,
   Das meinen Sohn verdächtig macht, bemerkt.
   Von seiner Unschuld völlig überzeugt,
   Kam ich hieher, nach abgemachtem Streit
   Sein ehelich Verlöbnis aufzulösen,
   Und ihm das Silberkettlein einzufordern,
   Zusamt dem Schaupfennig, den er der Jungfer
   Bei dem Verlöbnis vorgen Herbst verehrt.
   Wenn jetzt von Flucht was, und Verräterei
   An meinem grauen Haar zutage kommt,   1390

So ist mir das so neu, ihr Herrn, als euch:
Doch dann der Teufel soll den Hals ihm brechen.
WALTER. Schafft Frau Brigitt herbei, Herr Richter Adam.
ADAM. – Wird Euer Gnaden diese Sache nicht
  Ermüden? Sie zieht sich in die Länge.
  Euer Gnaden haben meine Kassen noch,
  Und die Registratur – Was ist die Glocke?
LICHT. Es schlug soeben halb.
ADAM.   Auf eilf!
LICHT.   Verzeiht, auf zwölfe.
WALTER. Gleichviel.
ADAM.   Ich glaub, die Zeit ist, oder Ihr verrückt.
  (Er sieht nach der Uhr.)
  Ich bin kein ehrlicher Mann. – Ja, was befehlt Ihr?   1400
WALTER. Ich bin der Meinung –
ADAM.   Abzuschließen? Gut –!
WALTER. Erlaubt! Ich bin der Meinung, fortzufahren.
ADAM. Ihr seid der Meinung – Auch gut. Sonst würd ich
  Auf Ehre, morgen früh, Glock neun, die Sache,
  Zu Euerer Zufriedenheit beendgen.
WALTER. Ihr wißt um meinen Willen.
ADAM.   Wie Ihr befehlt.
  Herr Schreiber, schickt die Büttel ab; sie sollen
  Sogleich ins Amt die Frau Brigitte laden.
WALTER.
  Und nehmt Euch – Zeit, die mir viel wert, zu sparen –
  Gefälligst selbst der Sach ein wenig an.   1410
  (Licht ab.)

Zehnter Auftritt

Die Vorigen ohne Licht. Späterhin einige Mägde.

ADAM *(aufstehend)*.
  Inzwischen könnte man, wenns so gefällig,
  Vom Sitze sich ein wenig lüften –?

WALTER.   Hm! O ja.
  Was ich sagen wollt –
ADAM.   Erlaubt Ihr gleichfalls,
  Daß die Partein, bis Frau Brigitt erscheint –?
WALTER. Was? Die Partein?
ADAM.   Ja, vor die Tür, wenn Ihr –
WALTER *(für sich)*. Verwünscht!
  (Laut.)   Herr Richter Adam, wißt Ihr was?
  Gebt ein Glas Wein mir in der Zwischenzeit.
ADAM. Von ganzem Herzen gern. He! Margarete!
  Ihr macht mich glücklich, gnädger Herr. – Margrete!
  (Die Magd tritt auf.)
DIE MAGD. Hier.
ADAM.   Was befehlt Ihr? – Tretet ab, ihr Leute.   1420
  Franz? – Auf den Vorsaal draußen. – Oder Rhein?
WALTER. Von unserm Rhein.
ADAM.   Gut. – Bis ich rufe. Marsch!
WALTER. Wohin?
ADAM.   Geh, vom versiegelten, Margrete. –
  Was? Auf den Flur bloß draußen. – Hier. – Der Schlüssel.
WALTER. Hm! Bleibt.
ADAM.   Fort! Marsch, sag ich! – Geh, Margarete!
  Und Butter, frisch gestampft, Käs auch aus Limburg,
  Und von der fetten pommerschen Räuchergans.
WALTER. Halt! Einen Augenblick! Macht nicht so viel
  Umständ, ich bitt Euch sehr, Herr Richter.
ADAM.   Schert
  Zum Teufel euch, sag ich! Tu, wie ich sagte.   1430
WALTER.
  Schickt Ihr die Leute fort, Herr Richter?
ADAM.   Euer Gnaden?
WALTER. Ob Ihr –?
ADAM.   Sie treten ab, wenn Ihr erlaubt.
  Bloß ab, bis Frau Brigitt erscheint.
  Wie, oder solls nicht etwa –?
WALTER.   Hm! Wie Ihr wollt.

Doch obs der Mühe sich verlohnen wird?
Meint Ihr, daß es so lange Zeit wird währen,
Bis man im Ort sie trifft?
ADAM.   's ist heute Holztag,
  Gestrenger Herr. Die Weiber größtenteils
  Sind in den Fichten, Sträucher einzusammeln.
  Es könnte leicht –
RUPRECHT.   Die Muhme ist zu Hause.   1440
WALTER. Zu Haus. Laßt sein.
RUPRECHT.   Die wird sogleich erscheinen.
WALTER. Die wird uns gleich erscheinen. Schafft den Wein.
ADAM *(für sich)*.
  Verflucht!
WALTER.   Macht fort. Doch nichts zum Imbiß, bitt ich,
  Als ein Stück trocknen Brodes nur, und Salz.
ADAM *(für sich)*. Zwei Augenblicke mit der Dirn allein –
  (Laut.) Ach trocknes Brod! Was! Salz! Geht doch.
WALTER.   Gewiß.
ADAM. Ei, ein Stück Käs aus Limburg mindstens. – Käse
  Macht erst geschickt die Zunge, Wein zu schmecken.
WALTER. Gut. Ein Stück Käse denn, doch weiter nichts.
ADAM. So geh. Und weiß, von Damast, aufgedeckt.   1450
  Schlecht alles zwar, doch recht.
  (Die Magd ab.)   Das ist der Vorteil
  Von uns verrufnen hagestolzen Leuten,
  Daß wir, was andre, knapp und kummervoll,
  Mit Weib und Kindern täglich teilen müssen,
  Mit einem Freunde, zur gelegnen Stunde,
  Vollauf genießen.
WALTER.   Was ich sagen wollte –
  Wie kamt Ihr doch zu Eurer Wund, Herr Richter?
  Das ist ein böses Loch, fürwahr, im Kopf, das!
ADAM. – Ich fiel.
WALTER.   Ihr fielt. Hm! So. Wann? Gestern abend?
ADAM. Heut, Glock halb sechs, verzeiht, am Morgen, früh,
  Da ich soeben aus dem Bette stieg.   1461

WALTER. Worüber?

ADAM.   Über – gnädger Herr Gerichtsrat,
Die Wahrheit Euch zu sagen, über mich.
Ich schlug Euch häuptlings an den Ofen nieder,
Bis diese Stunde weiß ich nicht, warum?

WALTER. Von hinten?

ADAM.   Wie? Von hinten –

WALTER.   Oder vorn?
Ihr habt zwo Wunden, vorne ein' und hinten.

ADAM. Von vorn und hinten. – Margarete!
*(Die beiden Mägde mit Wein usw. Sie decken auf, und
gehen wieder ab.)*

WALTER.   Wie?

ADAM. Erst so, dann so. Erst auf die Ofenkante,
Die vorn die Stirn mir einstieß, und sodann   1470
Vom Ofen rückwärts auf den Boden wieder,
Wo ich mir noch den Hinterkopf zerschlug.
(Er schenkt ein.) Ists Euch gefällig?

WALTER *(nimmt das Glas).*   Hättet Ihr ein Weib,
So würd ich wunderliche Dinge glauben,
Herr Richter.

ADAM.   Wieso?

WALTER.   Ja, bei meiner Treu,
So rings seh ich zerkritzt Euch und zerkratzt.

ADAM *(lacht).* Nein, Gott sei Dank! Fraunnägel sind es nicht.

WALTER. Glaubs. Auch ein Vorteil noch der Hagestolzen.

ADAM *(fortlachend).*
Strauchwerk für Seidenwürmer, das man trocknend
Mir an dem Ofenwinkel aufgesetzt. –   1480
Auf Euer Wohlergehn!
(Sie trinken.)

WALTER.   Und grad auch heut
Noch die Perücke seltsam einzubüßen!
Die hätt Euch Eure Wunden noch bedeckt.

ADAM. Ja, ja. Jedwedes Übel ist ein Zwilling. –
Hier – von dem fetten jetzt – kann ich –?

WALTER.   Ein Stückchen.
  Aus Limburg?
ADAM.   Rect' aus Limburg, gnädger Herr.
WALTER. – Wie Teufel aber, sagt mir, ging das zu?
ADAM. Was?
WALTER.   Daß Ihr die Perücke eingebüßt.
ADAM. Ja, seht. Ich sitz und lese gestern abend
  Ein Aktenstück, und weil ich mir die Brille   1490
  Verlegt, duck ich so tief mich in den Streit,
  Daß bei der Kerze Flamme lichterloh
  Mir die Perücke angeht. Ich, ich denke,
  Feu'r fällt vom Himmel auf mein sündig Haupt,
  Und greife sie, und will sie von mir werfen;
  Doch eh ich noch das Nackenband gelöst,
  Brennt sie wie Sodom und Gomorrha schon.
  Kaum daß ich die drei Haare noch mir rette.
WALTER. Verwünscht! Und Eure andr' ist in der Stadt.
ADAM. Bei dem Perückenmacher. – Doch zur Sache.   1500
WALTER. Nicht allzurasch, ich bitt, Herr Richter Adam.
ADAM. Ei, was! Die Stunde rollt. Ein Gläschen. Hier.
  (*Er schenkt ein.*)
WALTER.
  Der Lebrecht – wenn der Kauz dort wahr gesprochen –
  Er auch hat einen bösen Fall getan.
ADAM. Auf meine Ehr. (*Er trinkt.*)
WALTER.   Wenn hier die Sache,
  Wie ich fast fürchte, unentworren bleibt,
  So werdet Ihr, in Eurem Ort, den Täter
  Leicht noch aus seiner Wund entdecken können.
  (*Er trinkt.*)
  Niersteiner?
ADAM.   Was?
WALTER.   Oder guter Oppenheimer?
ADAM. Nierstein. Sieh da! Auf Ehre! Ihr verstehts.   1510
  Aus Nierstein, gnädger Herr, als hätt ich ihn geholt.
WALTER. Ich prüft ihn, vor drei Jahren, an der Kelter.

(Adam schenkt wieder ein.)
– Wie hoch ist Euer Fenster? – Dort! Frau Marthe!
FRAU MARTHE. Mein Fenster?
WALTER.   Das Fenster jener Kammer, ja,
  Worin die Jungfer schläft?
FRAU MARTHE.   Die Kammer zwar
  Ist nur vom ersten Stock, ein Keller drunter,
  Mehr als neun Fuß das Fenster nicht vom Boden;
  Jedoch die ganze, wohlerwogene
  Gelegenheit sehr ungeschickt zum Springen.
  Denn auf zwei Fuß steht von der Wand ein Weinstock,
  Der seine knotgen Äste rankend hin   1520
  Durch ein Spalier treibt, längs der ganzen Wand:
  Das Fenster selbst ist noch davon umstrickt.
  Es würd ein Eber, ein gewaffneter,
  Müh mit den Fängern haben, durchzubrechen.
ADAM. Es hing auch keiner drin. *(Er schenkt sich ein.)*
WALTER.   Meint Ihr?
ADAM.   Ach, geht!
  (Er trinkt.)
WALTER *(zu Ruprecht)*.
  Wie traf er denn den Sünder? Auf den Kopf?
ADAM. Hier.
WALTER.   Laßt.
ADAM.   Gebt her.
WALTER.   's ist halb noch voll.
ADAM.   Wills füllen.
WALTER. Ihr hörts.
ADAM.   Ei, für die gute Zahl.
WALTER.   Ich bitt Euch.
ADAM. Ach, was! Nach der Pythagoräer-Regel.   1530
  (Er schenkt ihm ein.)
WALTER *(wieder zu Ruprecht)*.
  Wie oft traf er dem Sünder denn den Kopf?
ADAM. Eins ist der Herr. Zwei ist das finstre Chaos.
  Drei ist die Welt. Drei Gläser lob ich mir.

Im dritten trinkt man mit den Tropfen Sonnen,
Und Firmamente mit den übrigen.

WALTER. Wie oftmals auf den Kopf traf Er den Sünder?
  Er, Ruprecht, Ihn dort frag ich!

ADAM.   Wird mans hören?
  Wie oft trafst du den Sündenbock? Na, heraus!
  Gotts Blitz, seht, weiß der Kerl wohl selbst, ob er –
  Vergaßt dus?

RUPRECHT.   Mit der Klinke?

ADAM.   Ja, was weiß ich.   1540

WALTER. Vom Fenster, als Er nach ihm herunterhieb?

RUPRECHT. Zweimal, ihr Herrn.

ADAM.   Halunke! Das behielt er!
  (Er trinkt.)

WALTER. Zweimal! Er konnt ihn mit zwei solchen Hieben
  Erschlagen, weiß er –?

RUPRECHT.   Hätt ich ihn erschlagen,
  So hätt ich ihn. Es wär mir grade recht.
  Läg er hier vor mir, tot, so könnt ich sagen,
  Der wars, ihr Herrn, ich hab euch nicht belogen.

ADAM. Ja, tot! Das glaub ich. Aber so –
  (Er schenkt ein.)

WALTER. Konnt Er ihn denn im Dunkeln nicht erkennen?

RUPRECHT.
  Nicht einen Stich, gestrenger Herr. Wie sollt ich?   1550

ADAM. Warum sperrtst du nicht die Augen auf – Stoßt an!

RUPRECHT. Die Augen auf! Ich hatt sie aufgesperrt.
  Der Satan warf sie mir voll Sand.

ADAM *(in den Bart)*.   Voll Sand, ja!
  Warum sperrtst du deine großen Augen auf.
  – Hier. Was wir lieben, gnädger Herr! Stoßt an!

WALTER. – Was recht und gut und treu ist, Richter Adam!
  (Sie trinken.)

ADAM. Nun denn, zum Schluß jetzt, wenns gefällig ist.
  (Er schenkt ein.)

WALTER. Ihr seid zuweilen bei Frau Marthe wohl,

Herr Richter Adam. Sagt mir doch,
Wer, außer Ruprecht, geht dort aus und ein.   1560

ADAM. Nicht allzuoft, gestrenger Herr, verzeiht.
Wer aus und ein geht, kann ich Euch nicht sagen.

WALTER. Wie? Solltet Ihr die Witwe nicht zuweilen
Von Eurem sel'gen Freund besuchen?

ADAM. Nein, in der Tat, sehr selten nur.

WALTER.   Frau Marthe!
Habt Ihrs mit Richter Adam hier verdorben?
Er sagt, er spräche nicht mehr bei Euch ein?

FRAU MARTHE.
Hm! Gnädger Herr, verdorben? Das just nicht.
Ich denk er nennt mein guter Freund sich noch.
Doch daß ich oft in meinem Haus ihn sähe,   1570
Das vom Herrn Vetter kann ich just nicht rühmen.
Neun Wochen sinds, daß ers zuletzt betrat,
Und auch nur da noch im Vorübergehn.

WALTER. Wie sagt Ihr?

FRAU MARTHE.   Was?

WALTER.   Neun Wochen wärens –?

FRAU MARTHE.   Neun,
Ja – Donnerstag sinds zehn. Er bat sich Samen
Bei mir, von Nelken und Aurikeln aus.

WALTER. Und – sonntags – wenn er auf das Vorwerk geht –?

FRAU MARTHE. Ja, da – da guckt er mir ins Fenster wohl,
Und saget guten Tag zu mir und meiner Tochter;
Doch dann so geht er wieder seiner Wege.   1580

WALTER *(für sich).*
Hm! Sollt ich auch dem Manne wohl –
(Er trinkt.)   Ich glaubte,
Weil Ihr die Jungfer Muhme dort zuweilen
In Eurer Wirtschaft braucht, so würdet Ihr
Zum Dank die Mutter dann und wann besuchen.

ADAM. Wieso, gestrenger Herr?

WALTER.   Wieso? Ihr sagtet,
Die Jungfer helfe Euren Hühnern auf,

Die Euch im Hof erkranken. Hat sie nicht
Noch heut in dieser Sach Euch Rat erteilt?

FRAU MARTHE. Ja, allerdings, gestrenger Herr, das tut sie.
Vorgestern schickt' er ihr ein krankes Perlhuhn   1590
Ins Haus, das schon den Tod im Leibe hatte.
Vorm Jahr rettete sie ihm eins vom Pips,
Und dies auch wird sie mit der Nudel heilen:
Jedoch zum Dank ist er noch nicht erschienen.

WALTER (verwirrt).
– Schenkt ein, Herr Richter Adam, seid so gut.
Schenkt gleich mir ein. Wir wollen eins noch trinken.

ADAM. Zu Eurem Dienst. Ihr macht mich glücklich. Hier.
(Er schenkt ein.)

WALTER. Auf Euer Wohlergehn! – Der Richter Adam,
Er wird früh oder spät schon kommen.

FRAU MARTHE.   Meint Ihr? Ich zweifle.
Könnt ich Niersteiner, solchen, wie Ihr trinkt,   1600
Und wie mein sel'ger Mann, der Kastellan,
Wohl auch, von Zeit zu Zeit, im Keller hatte,
Vorsetzen dem Herrn Vetter, wärs was anders:
Doch so besitz ich nichts, ich arme Witwe,
In meinem Hause, das ihn lockt.

WALTER. Um so viel besser.

Eilfter Auftritt

Licht, Frau Brigitte mit einer Perücke in der Hand,
die Mägde treten auf. Die Vorigen.

LICHT.   Hier, Frau Brigitt, herein.

WALTER. Ist das die Frau, Herr Schreiber Licht?

LICHT. Das ist die Frau Brigitte, Euer Gnaden.

WALTER. Nun denn, so laßt die Sach uns jetzt beschließen.
Nehmt ab, ihr Mägde. Hier.
(Die Mägde mit Gläsern usw. ab.)

ADAM (währenddessen).   Nun, Evchen, höre,   1610

Dreh du mir deine Pille ordentlich,
Wie sichs gehört, so sprech ich heute abend
Auf ein Gericht Karauschen bei euch ein.
Dem Luder muß sie ganz jetzt durch die Gurgel,
Ist sie zu groß, so mags den Tod dran fressen.

WALTER *(erblickt die Perücke).*
Was bringt uns Frau Brigitte dort für eine
Perücke?

LICHT.   Gnädger Herr?

WALTER.   Was jene Frau uns dort für eine
Perücke bringt?

LICHT.   Hm!

WALTER.   Was?

LICHT.   Verzeiht –

WALTER. Werd ichs erfahren?

LICHT.   Wenn Euer Gnaden gütigst
Die Frau, durch den Herrn Richter, fragen wollen,   1620
So wird, wem die Perücke angehört,
Sich, und das Weitre, zweifl' ich nicht, ergeben.

WALTER. – Ich will nicht wissen, wem sie angehört.
Wie kam die Frau dazu? Wo fand sie sie?

LICHT. Die Frau fand die Perücke im Spalier
Bei Frau Margrete Rull. Sie hing gespießt,
Gleich einem Nest, im Kreuzgeflecht des Weinstocks,
Dicht unterm Fenster, wo die Jungfer schläft.

FRAU MARTHE. Was? Bei mir? Im Spalier?

WALTER *(heimlich).*   Herr Richter Adam,
Habt Ihr mir etwas zu vertraun,   1630
So bitt ich, um die Ehre des Gerichtes,
Ihr seid so gut, und sagt mirs an.

ADAM. Ich Euch –?

WALTER.   Nicht? Habt Ihr nicht –?

ADAM.   Auf meine Ehre –
(Er ergreift die Perücke.)

WALTER. Hier die Perücke ist die Eure nicht?

ADAM. Hier die Perück ihr Herren, ist die meine!

Das ist, Blitz-Element, die nämliche,
Die ich dem Burschen vor acht Tagen gab,
Nach Utrecht sie zum Meister Mehl zu bringen.

WALTER. Wem? Was?

LICHT.   Dem Ruprecht?

RUPRECHT.   Mir?

ADAM.   Hab ich Ihm Schlingel,
Als Er nach Utrecht vor acht Tagen ging,   1640
Nicht die Perück hier anvertraut, sie zum
Friseur, daß er sie renoviere, hinzutragen?

RUPRECHT. Ob Er –? Nun ja. Er gab mir –

ADAM.   Warum hat Er
Nicht die Perück, Halunke, abgegeben?
Warum nicht hat Er sie, wie ich befohlen,
Beim Meister in der Werkstatt abgegeben?

RUPRECHT.
Warum ich sie –? Gotts, Himmel-Donner-Schlag!
Ich hab sie in der Werkstatt abgegeben.
Der Meister Mehl nahm sie –

ADAM.   Sie abgegeben?
Und jetzt hängt sie im Weinspalier bei Marthens?   1650
O wart, Kanaille! So entkommst du nicht.
Dahinter steckt mir von Verkappung was,
Und Meuterei, was weiß ich? – Wollt Ihr erlauben,
Daß ich sogleich die Frau nur inquiriere?

WALTER. Ihr hättet die Perücke –?

ADAM.   Gnädger Herr,
Als jener Bursche dort vergangnen Dienstag
Nach Utrecht fuhr mit seines Vaters Ochsen,
Kam er ins Amt und sprach, Herr Richter Adam,
Habt Ihr im Städtlein etwas zu bestellen?
Mein Sohn, sag ich, wenn du so gut willt sein,   1660
So laß mir die Perück hier auftoupieren –
Nicht aber sagt ich ihm, geh und bewahre
Sie bei dir auf, verkappe dich darin,
Und laß sie im Spalier bei Marthens hängen.

FRAU BRIGITTE.
  Ihr Herrn, der Ruprecht, mein ich, halt zu Gnaden,
  Der wars wohl nicht. Denn da ich gestern nacht
  Hinaus aufs Vorwerk geh, zu meiner Muhme,
  Die schwer im Kindbett liegt, hört ich die Jungfer
  Gedämpft, im Garten hinten jemand schelten:
  Wut scheint und Furcht die Stimme ihr zu rauben.   1670
  Pfui, schäm Er sich, Er Niederträchtiger,
  Was macht Er? Fort. Ich werd die Mutter rufen;
  Als ob die Spanier im Lande wären.
  Drauf: Eve! durch den Zaun hin, Eve! ruf ich.
  Was hast du? Was auch gibts? – Und still wird es:
  Nun? Wirst du antworten? – Was wollt Ihr, Muhme? –
  Was hast du vor, frag ich? – Was werd ich haben. –
  Ist es der Ruprecht? – Ei so ja, der Ruprecht.
  Geht Euren Weg doch nur. – So koch dir Tee.
  Das liebt sich, denk ich, wie sich andre zanken.   1680
FRAU MARTHE. Mithin –?
RUPRECHT.   Mithin –?
WALTER.   Schweigt! Laßt die Frau vollenden.
FRAU BRIGITTE. Da ich vom Vorwerk nun zurückekehre,
  Zur Zeit der Mitternacht etwa, und just,
  Im Lindengang, bei Marthens Garten bin,
  Huscht euch ein Kerl bei mir vorbei, kahlköpfig,
  Mit einem Pferdefuß, und hinter ihm
  Erstinkts wie Dampf von Pech und Haar und Schwefel.
  Ich sprech ein Gottseibeiuns aus, und drehe
  Entsetzensvoll mich um, und seh, mein Seel,
  Die Glatz, ihr Herren, im Verschwinden noch,   1690
  Wie faules Holz, den Lindengang durchleuchten.
RUPRECHT.
  Was! Himmel – Tausend –!
FRAU MARTHE.   Ist Sie toll, Frau Briggy?
RUPRECHT.
  Der Teufel, meint Sie, wärs –?
LICHT.   Still! Still!

FRAU BRIGITTE. Mein Seel!
Ich weiß, was ich gesehen und gerochen.
WALTER *(ungeduldig)*.
Frau, obs der Teufel war, will ich nicht untersuchen,
Ihn aber, ihn denunziiert man nicht.
Kann Sie von einem andern melden, gut:
Doch mit dem Sünder da verschont Sie uns.
LICHT. Wollen Euer Gnaden sie vollenden lassen.
WALTER. Blödsinnig Volk, das!
FRAU BRIGITTE. Gut, wie Ihr befehlt. 1700
Doch der Herr Schreiber Licht sind mir ein Zeuge.
WALTER. Wie? Ihr ein Zeuge?
LICHT. Gewissermaßen, ja.
WALTER. Fürwahr, ich weiß nicht –
LICHT. Bitte ganz submiß,
Die Frau in dem Berichte nicht zu stören.
Daß es der Teufel war, behaupt ich nicht;
Jedoch mit Pferdefuß, und kahler Glatze
Und hinten Dampf, wenn ich nicht sehr mich irre,
Hats seine völlge Richtigkeit! – Fahrt fort!
FRAU BRIGITTE. Da ich nun mit Erstaunen heut vernehme,
Was bei Frau Marthe Rull geschehn, und ich 1710
Den Krugzertrümmrer auszuspionieren,
Der mir zu Nacht begegnet am Spalier,
Den Platz, wo er gesprungen, untersuche,
Find ich im Schnee, ihr Herrn, euch eine Spur –
Was find ich euch für eine Spur im Schnee?
Rechts fein und scharf und nett gekantet immer,
Ein ordentlicher Menschenfuß,
Und links unförmig grobhin eingetölpelt
Ein ungeheurer klotzger Pferdefuß.
WALTER *(ärgerlich)*.
Geschwätz, wahnsinniges, verdammenswürdiges –! 1720
VEIT. Es ist nicht möglich, Frau!
FRAU BRIGITTE. Bei meiner Treu!
Erst am Spalier, da, wo der Sprung geschehen,

Seht, einen weiten, schneezerwühlten Kreis,
Als ob sich eine Sau darin gewälzt;
Und Menschenfuß und Pferdefuß von hier,
Und Menschenfuß und Pferdefuß, und Menschenfuß und
                                        Pferdefuß,
Quer durch den Garten, bis in alle Welt.

ADAM. Verflucht! – Hat sich der Schelm vielleicht erlaubt,
Verkappt des Teufels Art –?

RUPRECHT.   Was! Ich!

LICHT.   Schweigt! Schweigt!

FRAU BRIGITTE.
Wer einen Dachs sucht, und die Fährt entdeckt,   1730
Der Weidmann, triumphiert nicht so, als ich.
Herr Schreiber Licht, sag ich, denn eben seh ich
Von euch geschickt, den Würdgen zu mir treten,
Herr Schreiber Licht, spart eure Session,
Den Krugzertrümmrer judiziert ihr nicht,
Der sitzt nicht schlechter euch, als in der Hölle:
Hier ist die Spur, die er gegangen ist.

WALTER. So habt Ihr selbst Euch überzeugt?

LICHT.   Euer Gnaden,
Mit dieser Spur hats völlge Richtigkeit.

WALTER. Ein Pferdefuß?

LICHT.   Fuß eines Menschen, bitte,   1740
Doch praeter propter wie ein Pferdehuf.

ADAM. Mein Seel, ihr Herrn, die Sache scheint mir ernsthaft.
Man hat viel beißend abgefaßte Schriften,
Die, daß ein Gott sei, nicht gestehen wollen;
Jedoch den Teufel hat, soviel ich weiß,
Kein Atheist noch bündig wegbewiesen.
Der Fall, der vorliegt, scheint besonderer
Erörtrung wert. Ich trage darauf an,
Bevor wir ein Konklusum fassen,
Im Haag bei der Synode anzufragen,   1750
Ob das Gericht befugt sei, anzunehmen,
Daß Beelzebub den Krug zerbrochen hat.

WALTER. Ein Antrag, wie ich ihn von Euch erwartet.
  Was wohl meint *Ihr*, Herr Schreiber?
LICHT.   Euer Gnaden werden
  Nicht die Synode brauchen, um zu urteiln.
  Vollendet – mit Erlaubnis! – den Bericht,
  Ihr Frau Brigitte, dort; so wird der Fall
  Aus der Verbindung, hoff ich, klar konstieren.
FRAU BRIGITTE.
  Hierauf: Herr Schreiber Licht, sag ich, laßt uns
  Die Spur ein wenig doch verfolgen, sehn,   1760
  Wohin der Teufel wohl entwischt mag sein.
  Gut, sagt er, Frau Brigitt, ein guter Einfall;
  Vielleicht gehn wir uns nicht weit um,
  Wenn wir zum Herrn Dorfrichter Adam gehn.
WALTER. Nun? Und jetzt fand sich –?
FRAU BRIGITTE.   Zuerst jetzt finden wir
  Jenseits des Gartens, in dem Lindengange,
  Den Platz, wo Schwefeldämpfe von sich lassend,
  Der Teufel bei mir angeprellt: ein Kreis,
  Wie scheu ein Hund etwa zur Seite weicht,
  Wenn sich die Katze prustend vor ihm setzt.
WALTER.   Drauf weiter?
FRAU BRIGITTE.
  Nicht weit davon jetzt steht ein Denkmal seiner,   1771
  An einem Baum, daß ich davor erschrecke.
WALTER. Ein Denkmal? Wie?
FRAU BRIGITTE.   Wie? Ja, da werdet Ihr –
ADAM *(für sich)*. Verflucht mein Unterleib.
LICHT.   Vorüber, bitte,
  Vorüber, hier, ich bitte, Frau Brigitte.
WALTER. Wohin die Spur Euch führte, will ich wissen!
FRAU BRIGITTE.
  Wohin? Mein Treu, den nächsten Weg zu euch,
  Just wie Herr Schreiber Licht gesagt.
WALTER. Zu uns? Hierher?
FRAU BRIGITTE.   Vom Lindengange, ja,

Aufs Schulzenfeld, den Karpfenteich entlang,   178
Den Steg, quer übern Gottesacker dann,
Hier, sag ich, her, zum Herrn Dorfrichter Adam.
WALTER. Zum Herrn Dorfrichter Adam?
ADAM.   Hier zu mir?
FRAU BRIGITTE. Zu Euch, ja.
RUPRECHT.   Wird doch der Teufel nicht
In dem Gerichtshof wohnen?
FRAU BRIGITTE.   Mein Treu, ich weiß nicht,
Ob er in diesem Hause wohnt; doch hier,
Ich bin nicht ehrlich, ist er abgestiegen:
Die Spur geht hinten ein bis an die Schwelle.
ADAM. Sollt er vielleicht hier durchpassiert –?
FRAU BRIGITTE.
Ja, oder durchpassiert. Kann sein. Auch das.   179
Die Spur vornaus –
WALTER.   War eine Spur vornaus?
LICHT. Vornaus, verzeihn Euer Gnaden, keine Spur.
FRAU BRIGITTE. Ja, vornaus war der Weg zertreten.
ADAM. Zertreten. Durchpassiert. Ich bin ein Schuft.
Der Kerl, paßt auf, hat den Gesetzen hier
Was angehängt. Ich will nicht ehrlich sein,
Wenn es nicht stinkt in der Registratur.
Wenn meine Rechnungen, wie ich nicht zweifle,
Verwirrt befunden werden sollten,
Auf meine Ehr, ich stehe für nichts ein.   180
WALTER. Ich auch nicht. *(Für sich.)*
                              Hm! Ich weiß nicht, wars der linke,
War es der rechte? Seiner Füße einer –
Herr Richter! Eure Dose! – Seid so gefällig.
ADAM. Die Dose?
WALTER.   Die Dose. Gebt! Hier!
ADAM *(zu Licht).*   Bringt dem Herrn Gerichtsrat
WALTER. Wozu die Umständ? Einen Schritt gebrauchts.
ADAM. Es ist schon abgemacht. Gebt Seiner Gnaden.
WALTER. Ich hätt Euch was ins Ohr gesagt.

ADAM. Vielleicht, daß wir nachher Gelegenheit –
WALTER.   Auch gut.
   (Nachdem sich Licht wieder gesetzt.)
   Sagt doch, ihr Herrn, ist jemand hier im Orte,
   Der mißgeschaffne Füße hat?   1810
LICHT. Hm! Allerdings ist jemand hier in Huisum –
WALTER. So? Wer?
LICHT.   Wollen Euer Gnaden den Herrn Richter fragen –
WALTER. Den Herrn Richter Adam?
ADAM.   Ich weiß von nichts.
   Zehn Jahre bin ich hier im Amt zu Huisum,
   Soviel ich weiß, ist alles grad gewachsen.
WALTER *(zu Licht)*.
   Nun? Wen hier meint Ihr?
FRAU MARTHE.   Laß Er doch seine Füße draußen!
   Was steckt Er untern Tisch verstört sie hin,
   Daß man fast meint, Er wär die Spur gegangen.
WALTER. Wer? Der Herr Richter Adam?
ADAM.   Ich? die Spur?
   Bin ich der Teufel? Ist das ein Pferdefuß?   1820
   (Er zeigt seinen linken Fuß.)
WALTER. Auf meine Ehr. Der Fuß ist gut.
   (Heimlich.)
   Macht jetzt mit der Session sogleich ein Ende.
ADAM. Ein Fuß, wenn den der Teufel hätt,
   So könnt er auf die Bälle gehn und tanzen.
FRAU MARTHE.
   Das sag ich auch. Wo wird der Herr Dorfrichter –
ADAM. Ach, was! Ich!
WALTER.   Macht, sag ich, gleich ein Ende.
FRAU BRIGITTE.
   Den einzgen Skrupel nur, ihr würdgen Herrn,
   Macht, dünkt mich, dieser feierliche Schmuck!
ADAM. Was für ein feierlicher –?
FRAU BRIGITTE.   Hier, die Perücke!
   Wer sah den Teufel je in solcher Tracht?   1830

Ein Bau, getürmter, strotzender von Talg,
Als eines Domdechanten auf der Kanzel!

ADAM. Wir wissen hierzuland nur unvollkommen,
Was in der Hölle Mod ist, Frau Brigitte!
Man sagt, gewöhnlich trägt er eignes Haar.
Doch auf der Erde, bin ich überzeugt,
Wirft er in die Perücke sich, um sich
Den Honoratioren beizumischen.

WALTER.
Nichtswürdger! Wert, vor allem Volk ihn schmachvoll
Vom Tribunal zu jagen! Was Euch schützt,   184
Ist einzig nur die Ehre des Gerichts.
Schließt Eure Session!

ADAM.   Ich will nicht hoffen –

WALTER. Ihr hofft jetzt nichts. Ihr zieht Euch aus der Sache.

ADAM. Glaubt Ihr, ich hätte, ich, der Richter, gestern,
Im Weinstock die Perücke eingebüßt?

WALTER. Behüte Gott! Die Eur' ist ja im Feuer,
Wie Sodom und Gomorrha, aufgegangen.

LICHT. Vielmehr – vergebt mir, gnädger Herr! die Katze
Hat gestern in die seinige gejungt.

ADAM.
Ihr Herrn, wenn hier der Anschein mich verdammt: 185
Ihr übereilt euch nicht, bitt ich. Es gilt
Mir Ehre oder Prostitution.
Solang die Jungfer schweigt, begreif ich nicht,
Mit welchem Recht ihr mich beschuldiget.
Hier auf dem Richterstuhl von Huisum sitz ich,
Und lege die Perücke auf den Tisch:
Den, der behauptet, daß sie mein gehört,
Fordr' ich vors Oberlandgericht in Utrecht.

LICHT. Hm! Die Perücke paßt Euch doch, mein Seel,
Als wär auf Euren Scheiteln sie gewachsen.   186
(Er setzt sie ihm auf.)

ADAM. Verleumdung!

LICHT.   Nicht?

ADAM.   Als Mantel um die Schultern
  Mir noch zu weit, wie viel mehr um den Kopf.
  (Er besieht sich im Spiegel.)
RUPRECHT. Ei, solch ein Donnerwetter-Kerl!
WALTER.   Still, Er!
FRAU MARTHE.
  Ei, solch ein blitz-verfluchter Richter, das!
WALTER.
  Noch einmal, wollt *Ihr* gleich, soll *ich* die Sache enden?
ADAM. Ja, was befehlt Ihr?
RUPRECHT *(zu Eve).*   Eve, sprich, ist ers?
WALTER. Was untersteht der Unverschämte sich?
VEIT. Schweig du, sag ich.
ADAM.   Wart, Bestie! Dich faß ich.
RUPRECHT. Ei, du Blitz-Pferdefuß!
WALTER.   Heda! der Büttel!
VEIT. Halts Maul, sag ich.
RUPRECHT.   Wart! Heute reich ich dich.   1870
  Heut streust du keinen Sand mir in die Augen.
WALTER. Habt Ihr nicht so viel Witz, Herr Richter –?
ADAM.   Ja, wenn Euer Gnaden
  Erlauben, fäll ich jetzo die Sentenz.
WALTER. Gut. Tut das. Fällt sie.
ADAM.   Die Sache jetzt konstiert,
  Und Ruprecht dort, der Racker, ist der Täter.
WALTER. Auch gut das. Weiter.
ADAM.   Den Hals erkenn ich
  Ins Eisen ihm, und weil er ungebührlich
  Sich gegen seinen Richter hat betragen,
  Schmeiß ich ihn ins vergitterte Gefängnis.
  Wie lange, werd ich noch bestimmen.   1880
EVE. Den Ruprecht –?
RUPRECHT.   Ins Gefängnis mich?
EVE.   Ins Eisen?
WALTER. Spart eure Sorgen, Kinder. – Seid Ihr fertig?
ADAM. Den Krug meinthalb mag er ersetzen, oder nicht.

WALTER. Gut denn. Geschlossen ist die Session.
　Und Ruprecht appelliert an die Instanz zu Utrecht.
EVE. Er soll, er, erst nach Utrecht appellieren?
RUPRECHT. Was? Ich –?
WALTER. 　　　　　　Zum Henker, ja! Und bis dahin –
EVE. Und bis dahin –?
RUPRECHT. 　　　　　In das Gefängnis gehn?
EVE. Den Hals ins Eisen stecken? Seid Ihr auch Richter?
　Er dort, der Unverschämte, der dort sitzt,　　　　　1890
　Er selber wars –
WALTER. 　　　　Du hörsts, zum Teufel! Schweig!
　Ihm bis dahin krümmt sich kein Haar –
EVE. 　　　　　　　　　　Auf, Ruprecht!
　Der Richter Adam hat den Krug zerbrochen!
RUPRECHT. Ei, wart, du!
FRAU MARTHE. 　　　Er?
FRAU BRIGITTE. 　　　　　Der dort?
EVE. 　　　　　　　　Er, ja! Auf, Ruprecht!
　Er war bei deiner Eve gestern!
　Auf! Faß ihn! Schmeiß ihn jetzo, wie du willst.
WALTER *(steht auf)*.
　Halt dort! Wer hier Unordnungen –
EVE. 　　　　　　　　　Gleichviel!
　Das Eisen ist verdient, geh, Ruprecht!
　Geh, schmeiß ihn von dem Tribunal herunter.　　　1899
ADAM. Verzeiht, ihr Herrn. *(Läuft weg.)*
EVE. 　　　　　　Hier! Auf!
RUPRECHT. 　　　　　　　Halt ihn!
EVE. 　　　　　　　　　　Geschwind!
ADAM. 　　　　　　　　　　　　Was?
RUPRECHT.
　Blitz-Hinketeufel!
EVE. 　　　　Hast du ihn?
RUPRECHT. 　　　　　　　Gotts Schlag und Wetter!
　Es ist sein Mantel bloß!
WALTER. 　　　　　Fort! Ruft den Büttel!

RUPRECHT *(schlägt den Mantel).*
 Ratz! Das ist eins. Und Ratz! Und Ratz! Noch eins.
 Und noch eins! In Ermangelung des Buckels.
WALTER. Er ungezogner Mensch – Schafft hier mir Ordnung!
 – An Ihm, wenn Er sogleich nicht ruhig ist,
 Ihm wird der Spruch vom Eisen heut noch wahr.
VEIT. Sei ruhig, du vertrackter Schlingel!

Zwölfter Auftritt

Die Vorigen ohne Adam.
Sie begeben sich alle in den Vordergrund der Bühne.

RUPRECHT.   Ei, Evchen!
 Wie hab ich heute schändlich dich beleidigt!
 Ei Gotts Blitz, alle Wetter; und wie gestern!   1910
 Ei, du mein goldnes Mädchen, Herzens-Braut!
 Wirst du dein Lebtag mir vergeben können?
EVE *(wirft sich dem Gerichtsrat zu Füßen).*
 Herr! Wenn Ihr jetzt nicht helft, sind wir verloren!
WALTER. Verloren? Warum das?
RUPRECHT.   Herr Gott! Was gibts?
EVE. Errettet Ruprecht von der Konskription!
 Denn diese Konskription – der Richter Adam
 Hat mirs als ein Geheimnis anvertraut,
 Geht nach Ostindien; und von dort, Ihr wißt,
 Kehrt von drei Männern einer nur zurück!
WALTER. Was! Nach Ostindien! Bist du bei Sinnen?   1920
EVE. Nach Bantam, gnädger Herr; verleugnets nicht!
 Hier ist der Brief, die stille heimliche
 Instruktion, die Landmiliz betreffend,
 Die die Regierung jüngst deshalb erließ:
 Ihr seht, ich bin von allem unterrichtet.
WALTER *(nimmt den Brief und liest ihn).*
 O unerhört, arglistiger Betrug! –
 Der Brief ist falsch!

EVE.   Falsch?

WALTER.   Falsch, so wahr ich lebe!
Herr Schreiber Licht, sagt selbst, ist das die Order,
Die man aus Utrecht jüngst an euch erließ?

LICHT. Die Order! Was! Der Sünder, der! Ein Wisch,   1930
Den er mit eignen Händen aufgesetzt! –
Die Truppen, die man anwarb, sind bestimmt
Zum Dienst im Landesinneren; kein Mensch
Denkt dran, sie nach Ostindien zu schicken!

EVE. Nein, nimmermehr, ihr Herrn?

WALTER.   Bei meiner Ehre!
Und zum Beweise meines Worts: den Ruprecht,
Wärs so, wie du mir sagst: ich kauf ihn frei!

EVE (steht auf). O Himmel! Wie belog der Böswicht mich!
Denn mit der schrecklichen Besorgnis eben,
Quält' er mein Herz, und kam, zur Zeit der Nacht,   1940
Mir ein Attest für Ruprecht aufzudringen;
Bewies, wie ein erlognes Krankheitszeugnis,
Von allem Kriegsdienst ihn befreien könnte;
Erklärte und versicherte und schlich,
Um es mir auszufertgen, in mein Zimmer:
So Schändliches, ihr Herren, von mir fordernd,
Daß es kein Mädchenmund wagt auszusprechen!

FRAU BRIGITTE. Ei, der nichtswürdig-schändliche Betrüger!

RUPRECHT. Laß, laß den Pferdehuf, mein süßes Kind!
Sieh, hätt ein Pferd bei dir den Krug zertrümmert,   1950
Ich wär so eifersüchtig just, als jetzt!
(Sie küssen sich.)

VEIT. Das sag ich auch! Küßt und versöhnt und liebt euch;
Und Pfingsten, wenn ihr wollt, mag Hochzeit sein!

LICHT (am Fenster).
Seht, wie der Richter Adam, bitt ich euch,
Berg auf, Berg ab, als flöh er Rad und Galgen,
Das aufgepflügte Winterfeld durchstampft!

WALTER. Was? Ist das Richter Adam?

LICHT.   Allerdings!

MEHRERE. Jetzt kommt er auf die Straße. Seht! seht!
  Wie die Perücke ihm den Rücken peitscht!
WALTER.
  Geschwind, Herr Schreiber, fort! Holt ihn zurück!   1960
  Daß er nicht Übel rettend ärger mache.
  Von seinem Amt zwar ist er suspendiert,
  Und Euch bestell ich, bis auf weitere
  Verfügung, hier im Ort es zu verwalten;
  Doch sind die Kassen richtig, wie ich hoffe,
  Zur Desertion ihn zwingen will ich nicht.
  Fort! Tut mir den Gefallen, holt ihn wieder!
  (*Licht ab.*)

Letzter Auftritt

Die Vorigen ohne Licht.

FRAU MARTHE. Sagt doch, gestrenger Herr, wo find ich auch
  Den Sitz in Utrecht der Regierung?
WALTER.
  Weshalb, Frau Marthe?
FRAU MARTHE (*empfindlich*).
                    Hm! Weshalb? Ich weiß nicht –
  Soll hier dem Kruge nicht sein Recht geschehn?   1971
WALTER. Verzeiht mir! Allerdings. Am großen Markt,
  Und Dienstag ist und Freitag Session.
FRAU MARTHE. Gut! Auf die Woche stell ich dort mich ein.

Alle ab.

Anmerkungen

Vorrede

Die »Vorrede« findet sich nur im Manuskript, nicht in der Buchausgabe von 1811.

Kupferstich: Kleist hatte 1802 den Stich von Jean-Jacques Le Veau (1729–86) bei Heinrich Zschokke in Bern gesehen, erinnert sich aber nur ungenau: nicht die alte Frau, sondern das Mädchen hält den zerbrochenen Krug, der Richter donnert nicht, der Schreiber sieht nicht zur Seite auf den Richter, sondern auf die Alte; auch stammte das Original nicht von einem Niederländer, sondern von dem französischen Maler Louis-Philibert Debucourt (1755–1832).

Deliktum: Delikt, Straftat.

wie Kreon . . . den Ödip: Im *König Ödipus* von Sophokles sucht der königliche Richter den Mörder seines Vaters Laios zu entdecken, ohne zu ahnen, daß er selbst der Gesuchte ist. Sein Schwager Kreon beginnt im Laufe der Enthüllungshandlung die Zusammenhänge zu durchschauen, so wie in Kleists Lustspiel der Schreiber Licht.

Erster Auftritt

1 *Gevatter:* nicht nur Bezeichnung von Taufpaten, sondern überhaupt vertraut-nachbarliche Anrede.

9 *Ältervater:* Urgroßvater; hier: Adam als Stammvater der Menschheit.

14 *Unbildlich:* also nicht im übertragenen moralischen Sinn.

18 *Morgenlied:* Choral zum Tagesbeginn.

23 *den gesetzten:* den würdevollen, weil schwerfälligen Klumpfuß.

25 *Klumpfuß:* In der von Kleist benutzten Ausgabe des *König Ödipus* erklärt eine Fußnote den Namen des Helden: »Der geschwollne Füße hat.« Adam ist dessen komisches Gegenbild.

39 *eingehetzt:* hier ›aufgescheucht‹.

45 *straf mich Gott:* gleich ähnlichen Redensarten zu ergänzen: wenn es nicht wahr ist.

46 *Großknecht:* Vorsteher der Jungknechte auf dem Bauernhof.

47 *Augenknochen:* Jochbein.

50 f. *Ziegenbock, Am Ofen:* ursprünglich deutlicher »der an der Ofenkante eingefugt«.

59 *Stirnblatt:* der breite Stirnknochen.

63 *aus einem Bett hinaus:* Die Betonung liegt auf »hinaus«.

70 *Revisionsbereisung:* Reise zur Überprüfung des Amtsbezirks.

73, 75 *Holla, Huisum:* ebenso wie V. 169 »Hussahe« deutschen Kut-
scherrufen (holla! hü! hussa! he!) nachgebildet, in Anlehnung an
niederländische Ortsnamen.

76 *Vorspannpferde:* zusätzliche Pferde zum Gespann.

79 *Sein Schäfchen schiert:* sprichwörtl.: für seinen Vorteil sorgt
(starke Verbform von *scheren*).

dergleichen Fratzen: bezieht sich auf die gefürchtete Revision;
Fratzen im Sinne von ›Faxen, albernen Bräuchen‹.

80 *kujonieren:* niederträchtig behandeln.

88 *Hut dreieckig:* Hut mit drei hochgebogenen Ecken, Dreispitz
(Männerhut des 18. Jh.s).

Rohr: Spazierstock aus Bambus.

90 *Schubjack:* schäbiger Kerl.

99 *praktiziert:* ungewöhnlich für *praktiziert*: verfährt.

100 *Edikten:* amtlichen Verordnungen.

103 *Vis'tierte:* visitierte: überprüfte.

Registraturen: Aufbewahrungsstellen der Akten.

104 f. *suspendierte … ab officio:* (lat.) enthob ihres Amtes.

111 *Sparren:* Dachbalken.

116 *vereidet:* ältere Form für *vereidigt;* hier wohl auf das amtliche
Verhör der Hausbewohner bezogen.

118 *ist schon beerbt:* hat einen Nachfolger gefunden.

136 *Euren Cicero:* als rhetorisches Vorbild.

137 *Trotz einem:* wie nur einer, mehr als einer.

142–144 *Zu seiner Zeit … Mazedonien:* Plutarch erzählt, daß
Demosthenes in der Volksversammlung unter dem Vorwand einer
Erkältung geschwiegen habe, weil er von Harpalos, dem Schatz-
meister Alexanders des Großen, als er in Athen Zuflucht suchte,
bestochen worden war. Philipp, König von Mazedonien, hat mit
dem Vorfall allerdings nichts zu tun.

149 *Depositionen:* amtlich hinterlegte Gelder; Licht hatte sich wohl
der Veruntreuung von Zinsgeldern schuldig gemacht.

151 *Perioden drehn:* kunstvolle Sätze bilden.

161 *setz ich auf:* schichte ich auf.

162 *Turm zu Babylon:* gemäß 1. Mose 11 Sinnbild der Verwirrung.

Zweiter Auftritt

163 *Gott helf:* Zuruf beim Niesen; hier: Grußformel.

174 *Bäffchen:* Beffchen, Halsbinde.

182 *Mein Empfehl:* ältere Form von *Empfehlung:* »Man läßt dem geringeren Mann ein ›Compliment‹, dem Vornehmeren eine ›Empfehlung‹ sagen« (Jacob und Wilhelm Grimm, *Deutsches Wörterbuch*, 32 Bde., Leipzig 1854–1960; zit. als: Grimm).

186 *purgiert:* lat. *purgare* ›reinigen (durch Abführmittel)‹.

190 *ein Pulver:* Purgativ, Abführmittel.

191 *daß Ihr auf den Weg ihm leuchtet:* sprichwörtl.: daß Ihr ihn grob abfertigt, fortschickt.

192 *Sack voll Knochen:* volkstüml. für: dürre Person.

196 *Maulaffe:* einfältiger Mensch mit ›offenem Maul‹.

197 *Gotts Blitz:* zu ergänzen: soll dreinschlagen.

203 *im Hohlweg umgeworfen:* in einer Talmulde mit der Kutsche umgestürzt.

212 *Adies:* von frz. *adieu* ›lebe wohl‹.

213 *Ihr gebt Euch bloß:* Ihr gebt Euch eine Blöße.

216 *Pupillenakten:* Vormundschaftsakten (lat. *pupillus* ›Waise‹).

218 *Der Einschlag:* das Einwickelpapier der Würste, nämlich die Akten.

222 *Glock eilf:* elf Uhr.

231 *Ich will nicht ehrlich sein:* zu ergänzen: wenn es nicht wahr ist (*ehrlich* ›ehrsam, rechtschaffen‹).

247 *Vecht:* Mündungsarm des Rheins bei Utrecht.

258 *Kanaillen:* Gesindel.

259 *balzen sich:* paaren sich (von Vögeln und Katzen).

261 *Muhme:* nicht nur weibliche Seitenverwandte, sondern überhaupt höflich-vertrauliche Anrede, insbesondere gegenüber älteren Personen.

Dritter Auftritt

266 *Es geht bunt alles überecke:* »wildeste, tollste Verwirrung, die alle Grenze überschreitet« (Grimm).

269 ff. *Mir träumt' . . .:* Adams Traum entspricht in seiner dramaturgischen Funktion der Weissagung des Teiresias im *König Ödipus* von Sophokles.

272 *Und schält' und hunzt' und schlingelte mich herunter:* schälte ist

2. Konjunktiv von *schelten*; *herunterhunzen* ›ausschimpfen‹; *herunterschlingeln* ›einen Schlingel nennen‹.

273 *judiziert den Hals ins Eisen mir:* Der Verurteilte wurde zur öffentlichen Ausstellung in ein Halseisen eingeschlossen; *judizieren* ›verurteilen‹.

276 *in den Fichten:* beim Dorf gelegenes Fichtenwäldchen.

Vierter Auftritt

288 *sich gewärtgen:* gewärtig sein, erwarten.

292 *unsre Staaten:* die Vereinigten Staaten der Niederlande.

295 *Inzwischen:* indessen, jedoch.

297 *Obertribunal:* Obergerichtshof.

309 *Seit Kaiser Karl dem fünften:* Karl V. von Habsburg (1500–58), König von Spanien, römisch-deutscher Kaiser, erließ 1532 die »Peinliche Gerichtsordnung« (Carolina), die fast drei Jahrhunderte die Grundlage auch des deutschen Strafrechts blieb.

312 *Puffendorf:* Samuel Frhr. von Pufendorf (1632–94), Verfasser der *Elementa jurisprudentiae universalis* sowie historischer Schriften, die in Wagenaars *Geschichte der Niederlande* (s. Anm. zu V. 649 bis 674) wiederholt zitiert werden.

330 *Zwei kleine Meilen:* klein ›knapp‹ (wie V. 391); eine preußische Meile war etwa 7,5 km lang.

333 *Aufzuwarten:* bestätigende Floskel, wie ›zu dienen‹ usw.

346 *Ich stand im Wahn:* ich wähnte.

348 *Rhein-Inundations-Kollektenkasse:* zur Behebung der Schäden bei einer Rheinüberschwemmung. Anscheinend hatte Adam die unnötig gewordene ›Kollekte‹ (Sammlung freiwilliger Gaben) auf eigene Faust fortgesetzt.

Fünfter Auftritt

378 *ohne der Perücke Beistand:* Die Perücke gehörte, wie heute noch in England, zur Amtstracht des Richters.

380 *Vorwerk:* ein vom Hauptgut abgetrennter landwirtschaftlicher Betrieb mit eigenen Wirtschaftsgebäuden.

385 *Sackzehnde:* der Zehnte, den die Bauern vom ausgedroschenen Korn an Pfarrer und Schulmeister bezahlen mußten.

394 *Macht fort!:* Beeilt Euch!

400 *Danziger:* Danziger Goldwasser: berühmter Gewürzlikör.

403 *zu merken:* anzumerken, einzutragen.

406 *Mordschlag:* schwerer Fall.

413 *Erlaubt:* zu ergänzen: daß ich mich entferne.

Sechster Auftritt

415 *Sei sie nur ruhig:* Die Anrede in der 3. Pers. Sg. »Er«, »Sie« galt
bis zum Aufkommen der Pluralanrede »Sie« als höflich; dann sank
der Singular zum Ausdruck der Geringschätzung gegenüber
Untergebenen herab.

428 *Gebein:* die Knochen; hier soviel wie ›Beine‹.

435 *die Hochmögenden:* auch ›Hochmögende Herren‹ (lat. *Celsi et
Potentes*), Titel der niederländischen Deputierten.

436 *Ofen:* Brennofen zum Neubrennen des Kruges.

443 *Ich aber setze noch den Fuß eins drauf:* zum Zeichen des Trotzes;
noch eins: noch dazu, noch einmal.

444 *Metze:* urspr.: Mädchen; später zur Bedeutung ›Hure‹ abgesun-
ken.

445 *Flaps:* von *Flappe* ›Maul‹.

458 *Muskete:* Gewehr mit Luntenschloß.

465 *mit erzgegoßnem Leib:* dem keine Kugel etwas anhaben kann.

470 *Korporal:* Unteroffizier.

472 *Der seinen Stock im Militär geführt:* beim (erlaubten!) Prügeln
der Soldaten.

477 *den Kamm zertreten:* sprichwörtl. ›auf den Kamm treten‹:
jemanden ducken; in Marthes überladenem Bild schwillt dem per-
sonal gedachten Hochmut der Hahnenkamm, der nun zertreten
werden muß.

488 *Die Fiedel:* Nach Grimm »ein Holzstück, das um Hals und
Hände eines am Pranger Stehenden gelegt wird, wie Spielleute ihre
Geige um den Hals hängen«.

493 *Schergen:* Gerichtsdiener, Häscher.

494 *Block:* auf ihn wurde der zu züchtigende Gefangene gebunden.

Siebenter Auftritt

vor 498 *im Ornat:* in feierlicher Amtstracht.

518 *Ihr rast:* Ihr seid toll.

Soeben kommt Ihr –?: zu ergänzen: aus dem Bett.

521 *Um alle Wunden!:* zu ergänzen: Jesu.

529 *Frakturschrift:* die für Urkunden benutzte Zierschrift.

531 *knackern:* schallnachahmend, starkes Knittern.

534 *Batavia:* heute Djakarta; damals Hauptstadt der niederländischen Kolonien in Ostindien, berüchtigt durch ihr ungesundes
Klima.

535 f. *an welchem Fieber . . .:* eine bunte Zusammenstellung: Gelbfie-
ber (heimtückische Tropenkrankheit), Scharlachfieber (Scharlach,
Kinderkrankheit), Faulfieber (Wundfieber).

538 *Session:* (Gerichts-)Sitzung.

548 *Ich hatte sie behutsam drauf gehängt:* die Perücke nämlich.

556 *Prozedur:* das (gerichtliche) Verfahren.

558 *Perlhuhn:* Fasanenvogel mit perlfarbigen Gefiedertupfen.

560 *Pips:* Geflügelkrankheit, bei der das Tier wegen Verstopfung der
Nasenlöcher nicht mehr frißt und daher ›genudelt‹ (mit der Nudel
gemästet) werden muß.

561 *Jungfer:* unverheiratetes bürgerliches Mädchen.

574 *Klägere:* altertümelnde Form für *Klägerin.*

585 *Kastellan:* Hausmeister, Verwalter.

586 *Sonst:* übrigens.

596 *Setzt:* schreibt (vgl. V. 589).

614 *Instruktion:* hier: jurist. Bezeichnung für Prozeßführung.

624 *in den vereinten Staaten:* in den Niederlanden.

625 *submiß:* untertänig.

627 *Statuten, eigentümliche:* eigene, besondere Satzungen.

631 *kein Jota:* nicht das geringste; vgl. Mt. 5,18: ». . . wird nicht zer-
gehen ein Jota noch ein Tüttel vom Gesetz«.

636 *Ihr gebt mir schlechte Meinungen:* Ich bekomme eine schlechte
Meinung von Euch.

649–674 *Sind die gesamten niederländischen Provinzen . . .:* Karl V.
(vgl. Anm. zu V. 309) übergab 1555 zu Brüssel die niederländischen
Provinzen an seinen Sohn Philipp II.
Für Frau Marthens Schilderung verwendete Kleist die aus dem
Holländischen übersetzte *Allgemeine Geschichte der Vereinigten
Niederlande,* 8 Bde., Leipzig 1756–66. Der anonyme Verfasser war
Jan Wagenaar, der in Bd. 2, S. 557–559, berichtet: »Am 25sten des
Weinmonats, als dem zu der feierlichen Abdankung bestimmten
Tage, kamen die Ritter des goldenen Vließes und die Gevollmäch-
tigten der Stände, in großer Anzahl auf dem Hofe zu Brüssel zu-
sammen. Um dieser feierlichen Handlung einen größeren Glanz
zu geben, hatte der Kaiser [Karl V.] dazu auch seines Bruders Sohn

Maximilian, König von Böhmen, und dessen Gemahlinn Maria, des Kaisers Tochter, den Herzog von Savoyen, Emanuel Philibert, des Kaisers Schwester Eleonore, verwitwete Königinn von Frankreich, und die Oberstatthalterinn Maria, verwitwete Königinn von Ungarn [...] eingeladen. [...] Als der Kaiser ausgeredet hatte, fiel Philipp auf das eine Knie, und bat seinen Vater, dessen Hand er herzlich druckte, um seinen Segen. Er empfing denselben mit heißen Thränen, und die Anwesenden wurden dadurch auch zum Weinen gezwungen. Philipp stund so dann auf, [...] und befahl dem Bischofe von Arras, Anton Perenot, in seinem Namen das Wort zu führen.«

657 *Der Franzen und der Ungarn Königinnen:* Eleonore, Witwe Franz' I. von Frankreich, und Maria, Witwe Ludwigs II. von Ungarn, waren Karls V. Schwestern, also Philipps »Muhmen« (Tanten).

661 *Philibert:* Emanuel Philibert von Savoyen (1528–80), seit 1548 im Dienst Karls V.

662 *Für den den Stoß der Kaiser aufgefangen:* beim Zerbrechen des Kruges nämlich.

664 *Maximilian:* Neffe Karls V. (1527–76), galt als ausschweifend; später als Maximilian II. deutscher Kaiser.

667 *Erzbischof von Arras:* Antoine Perrenot de Granvelle (1517–86), Bischof von Arras, seit 1560 Erzbischof von Mecheln.

670 *im Grunde:* im Hintergrund.
   Leibtrabanten: Leibwächter.

671 *Hellebarden:* mittelalterliche Stoß- und Hiebwaffen.

675 *das zerscherbte Paktum:* jener Brüsseler Vertrag (Pakt) vom Jahr 1555, dessen Darstellung nun zerbrochen ist.

680 *Childerich:* alter germanischer Name.

681 f. *Oranien... mit den Wassergeusen:* Die Meer- oder Wassergeusen (niederländische Freiheitskämpfer gegen die spanische Tyrannei; von frz. *gueux* ›Bettler‹) eroberten 1572 die Stadt Briel in Südholland unter ihrem Anführer Wilhelm van Lumey (nicht unter ›Oranien‹).

694 *zeugte:* zeugen: früher auch in der Bedeutung ›gebären‹.

697 *Tirlemont:* französischer Name der Stadt Tienen in der Provinz Brabant, wurde 1635 von den Franzosen erobert.

719 *vor:* vorher.

734 *Fräulein:* unverheiratete Adlige.
   die Lippe: der Akkusativ noch abhängig von »Für«.

735 *Frau Erbstatthalterin:* Das hohe Amt des Erbstatthalters war seit 1674 unter den Prinzen von Oranien erblich. Es hat auch weibliche Oberstatthalter der Niederlande gegeben, wie Maria von Ungarn in den Jahren 1530 bis 1555.

739 *Schweig Er:* 3. Pers. Sg. als Anrede gegenüber Niedrigergestellten; vgl. aber Anm. zu V. 415.

750 *eingesprengt:* analog zu *aufgesprengt* gebildet; ebenso V. 1343.

758 *Wetter!:* Ausruf der Überraschung oder Verwünschung ähnlich »Blitz« (der dreinschlagen soll).

760 *zehn Arme:* erinnert an die nordischen Berserker, die in ihrer Wut Vielmännerstärke erhielten.

767 *Aufs Rad:* zu ergänzen: geflochten; grausame Todesstrafe für Räuber und Mörder.

773 *faule Fische:* nach Grimm: »abgestandne, untaugende, erdichtete Nachrichten, erlogne Entschuldigungen«.

787 *tief zur Seele:* in der Seele.

820 *Aufführung:* Benehmen; von *sich aufführen.*

827 *nicht vom Fakto:* nicht die Tatsache selbst (daß es ein anderer gewesen sei), sondern nur Eves Eingeständnis, daß sie dies gestern behauptet habe, darf protokolliert werden.

828 *Ists an die Jungfer:* ist die Reihe an sie gekommen?

835 *Sache:* hier im urspr. Sinn eines Rechtsstreits.

839 *Pest:* Hühnerpest, gewöhnlich tödliche Geflügelkrankheit.

843 *Schluckt ... die Pille nicht herunter:* eine Pille herunterschlucken: sich mit etwas Üblem abfinden; hier also doppelsinnig auch auf Eve bezogen.

847 *Kossät:* Kotsasse, Kätner; Kleinbauer (der eine ›Kote‹ oder ›Kate‹ bewohnt).

851 *aufzubringen:* vorzubringen.

861 *Soll ich als Christ –?:* zu ergänzen etwa: mich nicht meines Nächsten annehmen?

875 *heuren:* altertümliche Zusammenziehung aus *heuraten* für *heiraten.*

878 *man:* nordd. für ›nur so‹.
gemaust: hier: flink.

880 *gakelst:* gakeln, gackeln (gackern): hier ›schwatzen‹.

892 *Steig:* Brückensteg zum Überqueren des Baches.

894 *Schlag!:* ›Donnerschlag‹, Fluch.

910 *Ohrenbläser:* flüstert Schmeicheleien und Verleumdungen ein.

915 *Latz:* Brustlatz, Miedereinsatz.

922 *Ich kann das Abendmahl darauf nicht nehmen:* mittelalterliches Gottesurteil, bei dem der Beweisführer eine geweihte Hostie zu sich nehmen mußte, die ihm, wenn er schuldig war oder gelogen hatte, im Halse stecken bleiben sollte.

924 *Flickschuster:* im Gegensatz zum Maßschuhmacher.

925 *losgesprochen:* hier ist wohl nicht die Entlassung aus der Lehrzeit gemeint, sondern die Befreiung vom Militärdienst; vgl. V. 1215–17.

926 *Dem Mädel ... auf die Fährte ging:* sprichwörtl.: ihr nachlief.

931 *du schierst mich:* du quälst mich.

938–940 *Nun schießt ... das Blatt mir:* Redensart zum Ausdruck von Erregung, Bestürzung oder Überraschung.

939 *Da ich ... das Pärchen ... begegne: begegnen* früher oft mit Akkusativ.

942 *die Hirschgeweihe:* ›Hörner‹ als Symbol für einen ›Hahnrei‹ (betrogener Ehemann); ebenso V. 944 »hornartig«. Man pflegte früher einem beschnittenen Hahn die abgeschnittenen Sporen in den Kamm einzusetzen, wo sie als eine Art von Hörnern weiterwuchsen; daher entstand die Redensart: jemandem Hörner aufsetzen.

946 *Taxus:* Eibe, eine Nadelholzart.

947 *Gefispre:* fispern, wispern: lautmalend für ›flüstern‹.

949 *ich soll vor Lust –:* zu ergänzen etwa: zerbersten.

952 f. *wo mir Die Haare wachsen:* Hinweis auf die mißverstandene volkstümliche Redensart ›Haare auf (d. h. über) den Zähnen haben‹ (nämlich einen Bart, als Zeichen mutiger Männlichkeit).

957 *vor dem Pastor:* noch vor der Trauung.

963 *Jetzt hebt sichs:* nämlich die Brust.
Blutsturz: heftiger Blutfluß, Blutspucken.

964 *Brustlatz:* bei Männern eine Art geschnürte Weste.

967 *Dirne:* ohne abwertende Bedeutung.

969 *Blitzjunge du!:* Die Vorsilbe *blitz*- zum Ausdruck der Bewunderung oder Empörung.

980 *Detz:* Deets (niederd.): Kopf (von frz. *tête*).

997 *Allotrien:* Mehrzahl von *Allotria* ›Unfug‹.

1001 *legen:* unmöglich machen.

1006 *Das alles fällt in einen Sack zusammen:* bildhafte Ausdeutung des Verbs *zusammensacken* (wie ein leerer Sack).

1010 *Schloßenregen:* die Schloße: Hagelkorn.

1011 *zehn Klaftern:* älteres Längenmaß (Spannweite der seitlich gestreckten Arme); 1 Klafter = 6 Fuß, etwa 1,90 m.

1015 *inzwischen:* indessen, jedoch; wie V. 295.

1019 *auch:* denn.

1022 *aufersteh:* aufstehe.

1023 *die Fäuste . . . schänden:* sie durch Schläge auf ein Weibsbild entehren.

1033 *Knippkügelchen:* Murmeln; von *knippen* ›wegschnellen‹.

1044 *den sie zu Wasser trug:* Anspielung auf das Sprichwort: Der Krug geht so lange zu Wasser, bis er bricht.

1056 *titulo . . . quarto oder quinto:* (lat.) im vierten oder fünften Artikel; V. 1066 *sexto:* im sechsten.

1062 *Mit jedem Schnitte:* im Sinne von ›Anschnitt‹ (beim Brot usw.).

1063 *deklariert:* gibt eine Erklärung ab.

Achter Auftritt

1071 *Franz? oder Mos'ler?:* Wein aus Frankreich oder von der Mosel. *Walter verneigt sich:* Zeichen höflicher Ablehnung.

Neunter Auftritt

1077 *entworren:* entwirrt.

1086 f. *Ihr greift . . . in einen Sack voll Erbsen:* Ihr urteilt völlig willkürlich.

1092 *wenn Ihrs herausbekommt, bin ich ein Schuft:* Beteuerungsfloskel (›Ich will ein Schuft sein, wenn . . .‹), zugleich im wörtlichen Sinne wahr.

1094 *Und brech ein eignes Blatt mir:* falte einen neuen Bogen Papier.

1099 *gib ihm was von der Wahrheit:* verfängliche Aufforderung an einen Zeugen, der bekanntlich »die ganze Wahrheit und nichts als die Wahrheit« zu sagen hat.

1110 *trätschen:* tratschen: ein langes Gerede machen.

1117 *die Schwerenot:* Fallsucht, Epilepsie; hier als Verwünschung.

1119 *gehauen nicht und nicht gestochen:* Redensart für etwas Ungenaues, Unbestimmtes.

1121 *auf dem Stuhl gesprochen:* auf dem Richterstuhl Recht gesprochen.

1129 *Wenn das Gewissen an der Kehl uns sitzt:* analog zu der Redensart: Das Messer sitzt mir an der Kehle.

1133 *Wars der Herr Jesus?:* In Fouqués »Gespräch über die Dichtergabe Heinrichs von Kleist« in Cottas *Morgenblatt für gebildete*

Stände vom 1. und 2. März 1816 wird »sehr ernst, beinahe strenge« »das Weglassen eines einzigen Verses« gefordert, womit diese blasphemische Frage gemeint sein dürfte.

1134 *Was das für –:* zu ergänzen: Reden sind!

1135 *einschrecken:* einschüchtern.

1153 *ich kehr im Grab mich um:* zum Zeichen der Empörung; mit V. 1151 f. läßt Frau Marthe ihren Mann diese Redensart allzu wörtlich nehmen.

1174 *wenn wir auferstehn ist auch ein Tag:* der Jüngste Tag mit der Auferstehung der Toten.

1178 *des Todes will ich ewig sterben:* ohne Hoffnung auf Auferstehung; zu ergänzen: wenn es nicht so ist.

1179 *dir Einzigem:* dir als einziger.

1186 *die Fiedel:* s. Anm. zu V. 488.

1201 *Vettel:* liederliches altes Weib.

1203 *Hat Sie das Licht dabei gehalten:* sprichwörtl. für: Kupplerdienste leisten, bei einer bösen Sache behilflich sein.

1205 *Schelm:* in der älteren Bedeutung von ›Schuft‹.

1217 *Mit dem Attest:* das den ›krummbeinigen‹ Lebrecht von der Aushebung befreite.

1228 *zurück gehaspelt:* haspeln: drehende, anstrengende Bewegung; von *Haspel* ›Gerät zum Aufwinden‹.

1231 *Geht seinen Stiefel:* schreitet tüchtig aus.
trotz einem: wie ein anderer.

1232 *von ungespaltnem Leibe sein:* einen Leib ohne Beine haben.

1238 *twatsch:* (niederdt.) töricht, albern.

1239 *gefirmelt kaum:* eben erst vom Pfarrer eingesegnet.

1257 *denkt uneben nicht:* denkt nicht schlecht.

1264 *Zuge:* Einzelheit, Detail.

1265 *Garnstück:* Garnsträhne, Strang.

1271 *Früh oder spät:* früher oder später; ebenso V. 1599.

1272 *das Tribunal:* der Gerichtshof; vgl. V. 297.

1275 *Die Jungfer weiß, wo unsre Zäume hängen:* Die Redensart besagt, daß man in einer Sache bewandert ist.

1280 *Erkleckliches:* Hinreichendes.

1283 *ein verlorner Mensch:* ein sittlich Verkommener.

1287 *Pranger:* Schandpfahl.

1291 *überall:* überhaupt.

1308 *Konskription:* listenmäßige Aushebung zum Heeresdienst.

1310 *reißen aus:* laufen weg, desertieren.

1319 *austreten:* desertieren.

1325 *eine Zunge:* eine als Zeugin aussagende Person.

1331 *Muhm:* Tante (hier Vaterschwester).

1340 *Briggy:* Kurzform von *Brigitte.*

1355 *scharwenzt:* scharwenzen: schöntun.

1387 *Schaupfennig:* als Anhänger getragene Silbermünze.

Zehnter Auftritt

1421 *Franz? . . . Oder Rhein?:* Wein aus Frankreich oder vom Rhein.

1426 *Limburg:* Limbourg, durch ihren Käse bekannte Stadt in Belgien.

1439 *Sträucher:* Reisig, Leseholz.

1444 *Brodes:* Brotes.

1450 *Damast:* durchmustertes Leinengewebe.

1451 *schlecht:* schlicht.

    Schlecht . . . doch recht: Sprichwort nach Hiob 1,1.

1479 *Strauchwerk:* zur Seidenraupenzucht benötigtes trockenes Gesträuch, an dem die Raupen ihre Kokons befestigen.

1486 *Rect':* lat. *recta via* ›direkt, geradewegs‹.

1491 *in den Streit:* in die Akten des Rechtsfalls.

1496 *Nackenband:* zum Festbinden der Perücke.

1497 *Sodom und Gomorrha:* vgl. 1. Mose 19,24.

1509 *Niersteiner . . . Oppenheimer:* rheinhessische Weine.

1512 *Kelter:* Presse zur Gewinnung des Mostes.

1517 *Fuß:* Längenmaß (regional unterschiedlich, etwa 30 cm).

1524 *ein gewaffneter:* mit Hauern (Gewaff) versehen.

1525 *Fängern:* Fangzähne eines Ebers.

1529 *die gute Zahl:* sprichwörtl.: Aller guten Dinge sind drei.

1530 *Pythagoräer-Regel:* auf die Pythagoreische Schule zurückgehende Zahlensymbolik.

1550 *Nicht einen Stich:* nicht das Geringste.

1555 *Was wir lieben:* ebenso wie der nächste Vers als Trinkspruch gemeint.

1571 *vom Herrn Vetter:* bezeichnet hier Verwandtschaft unbestimmten Grades, oft auch nur ehrende Anrede.

1576 *Aurikeln:* Gartenprimeln.

1581 *Sollt ich auch dem Manne wohl:* zu ergänzen: Unrecht tun?

Eilfter Auftritt

1611 ff. *Dreh du mir deine Pille ordentlich . . .:* wie V. 843 ff. doppelsinnig, sowohl auf das Nudeln wie auf Eves Aussage bezüglich.

1613 *Karauschen:* karpfenähnliche Süßwasserfische.

1626 *Frau Margrete Rull:* Sie heißt sonst Marthe.

1627 *Kreuzgeflecht:* das Gitterwerk des Spaliers.

1631 *um die Ehre des Gerichtes:* zur Wahrung des gerichtlichen
Ansehens.

1642 *renoviere:* instandsetze.

1652 *Verkappung:* Tarnung, Verkleidung.

1654 *inquiriere:* verhöre.

1661 *auftoupieren:* auflockern, in die Höhe kämmen (von frz. *toupet*
›Haarbüschel‹).

1665 *halt zu Gnaden:* Kurzfloskel: haltet mir zugute, verzeiht!

1668 *Kindbett:* Wochenbett, Zeit nach der Niederkunft.

1673 *Als ob die Spanier im Lande wären:* mit den im Kriege üblichen
Gewaltsamkeiten.

1679 *So koch dir Tee:* märkische Redensart: Mach, was du willst!

1686 *Pferdefuß:* Attribut des Teufels.

1687 *Erstinkts:* beginnt es zu stinken.

1688 *Gottseibeiuns:* Beschwörungsformel gegen den Teufel; dann
auch der Name des Teufels selbst.

1691 *Wie faules Holz:* das im Dunkeln phosphoriziert.

1696 *denunziiert:* lat. *denuntiare* ›anzeigen‹.

1703 *submiß:* untertänig.

1716 *nett gekantet:* abgekantet, mit sauberen Kanten.

1718 *grobhin eingetölpelt:* plump eingedrückt.

1741 *praeter propter:* ungefähr, etwa.

1749 *Konklusum:* Entschließung, Beschluß.

1750 *Im Haag:* Der oder Den Haag, Sitz der niederländischen Regierung.
Synode: gesetzgebende Kirchenversammlung.

1752 *Beelzebub:* der Teufel.

1758 *konstieren:* feststehen, bekannt sein (lat. *constare*).

1763 *gehn wir uns nicht weit um:* machen wir keinen weiten Umweg.

1768 *angeprellt:* angeprallt, angestoßen.

1770 *prustend:* fauchend.

1771 *ein Denkmal seiner:* Darmentleerung als Zeichen seiner
Schreckreaktion.

1781 *Gottesacker:* nicht bei der Kirche gelegener Friedhof.

1791 *vornaus:* nach vorn hinaus.

1797 *Wenn es nicht stinkt in der Registratur:* wenn da nicht etwas faul, in Unordnung ist.

1799 *Verwirrt:* durcheinandergebracht, unordentlich.

1803 *Eure Dose!:* Walter bittet um Adams Schnupftabaksdose, um ihn zum Aufstehen zu bewegen.

1827 *Skrupel:* bedenklicher Zweifel (lat. *scrupulus*).

1831 *strotzender von Talg:* Mit Talg wurden die Perücken kunstvoll in die Höhe getürmt.

1832 *Domdechant:* Dekan, Vorsteher eines Domkapitels.

1838 *Honoratioren:* die angesehensten Ortseinwohner.

1852 *Prostitution:* hier soviel wie: Bloßstellung, Entehrung.

1870 *reich ich dich:* erreiche, erwische ich dich.

1872 *Habt Ihr nicht so viel Witz:* zu ergänzen: die Sache abzuschließen.

1873 *fäll ich jetzo die Sentenz:* spreche ich das Urteil.

1875 *Racker:* verbreitetes, oft scherzhaftes Schimpfwort.

1876 f. *Den Hals erkenn ich Ins Eisen ihm:* ich verurteile ihn zum Halseisen (s. Anm. zu V. 273).

1885 *appelliert an die Instanz:* legt beim Obertribunal Berufung ein.

1896 *Schmeiß ihn:* prügle ihn.

1903 *Ratz:* Interjektion wie *ratsch*.

Zwölfter Auftritt

1918 *Ostindien:* früher Bezeichnung für Vorder- und Hinterindien mit Malaiischem Archipel; Sitz der niederländischen Kolonien.

1921 *Bantam:* Hafenstadt auf Westjava; von dort wurde 1810 die niederländische Handelsniederlassung nach Batavia verlegt.

1923 *Instruktion:* Anweisung.
Landmiliz: kurz ausgebildete Truppe für den Dienst im Landesinneren.

1928 *die Order:* Befehl, Anordnung.

1937 *ich kauf ihn frei:* ein Konskribierter konnte durch Zahlung eines Geldbetrags freigestellt werden.

1961 *Daß er nicht Übel rettend ärger mache:* daß er nicht, indem er (sich) zu retten glaubt, das Unheil vergrößert.

1966 *Desertion:* Verlassen des Dienstes, Flucht.

Nachbemerkung

Die Anregung zu seinem einzigen Lustspiel, dem *Zerbrochnen Krug*, erhielt Heinrich von Kleist (1777–1811) während seines Aufenthalts in Bern Anfang 1802. Kleist hatte dort freundschaftlichen Umgang mit Ludwig Wieland, dem Sohn des Dichters, und Heinrich Zschokke (1771–1848), der in seiner *Selbstschau* (1842) berichtet: »Wir vereinten uns auch, wie *Virgils* Hirten, zum poetischen Wettkampf. In meinem Zimmer hing ein französischer Kupferstich, ›la chruche cassée‹. In den Figuren desselben glaubten wir ein trauriges Liebespärchen, eine keifende Mutter mit einem zerbrochenen Majolika-Kruge, und einen großnasigen Richter zu erkennen. Für Wieland sollte dies Aufgabe zu einer Satyre, für Kleist zu einem Lustspiele, für mich zu einer Erzählung werden. – Kleist's ›zerbrochner Krug‹ hat den Preis davongetragen.« Einen weiteren Anstoß scheinen Kleist die 1803 gemeinsam mit Fouqué und Falk in der Dresdener Bildergalerie gesehenen bäuerlichen Genrezenen David Teniers gegeben zu haben. Noch 1811 spielt Kleist, als er Fouqué ein Exemplar des *Zerbrochnen Krug* übersendet, darauf an: »Nehmen Sie gleichwohl das Inliegende [. . .] mit Schonung und Nachsicht auf. Es kann auch, aber nur für einen sehr kritischen Freund, für eine Tinte meines Wesens gelten; es ist nach dem Tenier gearbeitet, und würde nichts wert sein, käme es nicht von einem, der in der Regel lieber dem göttlichen Raphael nachstrebt.« Der inspirierende Kupferstich allerdings, der von Jean-Jacques Le Veau stammt, basierte nicht, wie Kleist in seiner »Vorrede« meint, auf »einem niederländischen Meister«, sondern auf einem (verschollenen) Gemälde Louis-Philibert Debucourts. Das Hauptmotiv des letztlich gegen sich selbst verhandelnden Richters entnahm Kleist, wie ebenfalls in der »Vorrede« angedeutet, dem *König Ödipus* des Sophokles, in dem Ödipus den Mörder seines

Vaters zu entdecken sucht, ohne jedoch zu ahnen, daß er
selbst der Schuldige ist.

Kleist hatte vielleicht schon 1802 in Thun mit der Ausarbei-
tung des Lustspiels begonnen, spätestens aber im Sommer
1803 in Dresden. Ernst von Pfuel berichtet, Kleist habe ihm
als er »Zweifel an seinem komischen Talent geäußert, die drei
ersten Szenen des schon in der Schweiz begonnenen Lustspiels ›Der zerbrochene Krug‹ diktiert«. 1804–05 stellt Kleist
in Berlin eine vorläufige Fassung des Dramas fertig, die er
am 23. April 1805, unmittelbar vor seinem Aufbruch nach
Königsberg, mit der lakonischen Bemerkung: »Schließlich
erfolgt der Krug«, an seinen Gönner Christian von Massen-
bach schickt. In Königsberg arbeitet Kleist weiter an dem
Stück und kann im August 1806 das fertiggestellte Lustspiel
an Marie von Kleist senden.

Während Kleist von Januar bis Juli 1807 als angeblicher
Spion in französische Kriegsgefangenschaft gerät, gelangen
die Manuskripte des *Amphitryon* und des *Zerbrochnen Krugs*
nach Dresden, wo sich Adam Müller, der spätere Mitheraus-
geber von Kleists Zeitschrift *Phöbus*, um ihre Publikation
bemüht. Müller schickt Manuskripte beider Dramen am
31. Juli an Goethe: »Ew. Exzellenz nehme ich mir die Frei-
heit zwei Werke eines Freundes zu überreichen, die, wenn
mich nicht alles trügt, die Billigung des einzigen Richters,
den der abwesende Verfasser im Auge gehabt haben kann,
erhalten werden.« Goethe vermerkt in seinen Tagebüchern
aus Karlsbad: »*8. Aug.* Nach Tische Landrat von Haza, der
mir ein Paket von Adam Müller brachte. Darauf las ich der
zerbrochenen Krug. *9. Aug.* Schluß vom zerbrochenen Krug.
26. Aug. Den zerbrochenen Krug nochmals durchgelesen.«
Noch aus Karlsbad antwortet er am 28. August Adam Müller: »Der zerbrochene Krug hat außerordentliche Verdienste,
und die ganze Darstellung dringt sich mit gewaltsamer
Gegenwart auf. Nur schade, daß das Stück auch wieder dem
unsichtbaren Theater angehört. Das Talent des Verfassers, so
lebendig er auch darzustellen vermag, neigt sich doch mehr

gegen das Dialektische hin; wie er es denn selbst in dieser sta-
tionären Prozeßform auf das wunderbarste manifestiert hat.
[...] Das Manuskript will ich mit nach Weimar nehmen, in
der Hoffnung Ihrer Erlaubnis, und sehen, ob etwa ein Versuch der Vorstellung zu machen sei.«

Dieser Initiative Goethes verdankt *Der zerbrochne Krug*
seine Uraufführung, die am 2. März 1808 am Weimarer Hof-
theater stattfand. Die Aufführung wurde ein ziemlicher
Mißerfolg. Goethes Sekretär Riemer notiert unter dem
2. März: »Abends ›der Gefangene‹ und der zerbrochene
Krug, der anfangs gefiel, nachher langweilte und zuletzt von
einigen wenigen ausgetrommelt wurde, während andere
zum Schlusse klatschten.« Es war also nicht nur die Oper
Der Gefangene von Della Maria vorweg aufgeführt worden,
sondern Goethe hatte zudem noch Kleists Stück, das ohne-
hin durch einen etwas langatmigen, später auch gekürzten
Schluß belastet war, in drei Akte zerdehnt. In Aufzeichnun-
gen Johannes Falks heißt es: »Kleist war wütend, als er
erfuhr, daß das Stück durchgefallen sei. Er wollte Goethen
fordern sich mit ihm zu schießen. Man hatte ihm glaublich
gemacht, Goethe habe absichtlich das Stück zu 3 Akten aus-
gesponnen und es dadurch zum Fallen gebracht.« Das Ver-
hältnis zwischen Goethe und Kleist war in der Folge recht
gespannt, wozu auch beigetragen haben mag, daß Kleist im
Phöbus Goethe epigrammatisch traktierte: »Siehe, das nenn
ich doch würdig, fürwahr, sich im Alter beschäftigen! / Er
zerlegt jetzt den Strahl, den seine Jugend sonst warf.« Als
unmittelbare Reaktion auf die Weimarer Aufführung hatte
Kleist im März-Heft des *Phöbus* einige *Fragmente aus dem
Lustspiel: der zerbrochne Krug* veröffentlicht und in einer
Fußnote dazu angemerkt: »da dieses kleine, vor mehrern
Jahren zusammengesetzte, Lustspiel eben jetzt auf der
Bühne von Weimar verunglückt ist: so wird es unsere Leser
vielleicht interessieren, einigermaßen prüfen zu können,
worin dies seinen Grund habe.« Die erste (überarbeitete)
Buchausgabe des *Zerbrochnen Krug* erschien im Februar

1811 im Verlag der Reimerschen Realschulbuchhandlung;
für diese Ausgabe hatte Kleist den Schlußteil gekürzt, fügte
den ursprünglichen Schluß aber als »Variant« fragmentarisch
bei.

Die Rezeption des *Zerbrochnen Krug* war lange dadurch
behindert, daß man an seiner Publikumswirksamkeit zwei-
felte. Verschiedenen Aufführungen zwischen 1814 und 1818
in Brünn, München und Breslau war nur mäßiger Erfolg
beschieden. Erst die Bearbeitung und Inszenierung des
Hamburger Theaterdirektors Friedrich Ludwig Schmidt von
1820 setzte das Lustspiel auch auf der Bühne durch. Eine
Berliner Aufführung fand erst 1822 statt. In seiner Rezen-
sion der von Heinrich Laube initiierten Aufführung am Wie-
ner Burgtheater mußte Friedrich Hebbel noch 1850 Kleists
Lustspiel der reservierten Haltung des Publikums gegenüber
verteidigen: »Der ›zerbrochene Krug‹ [. . .] gehört, um es
gleich voranzuschicken, *zu denjenigen Werken, denen
gegenüber nur das Publikum durchfallen kann*, denn deren
gibt es auch, wie die Erfahrung lehrt.«

M.